ESPÈCES DISPARUES

DES DINOSAURES AUX PREMIERS MAMMIFÈRES

FLEURUS
www.fleuruseditions.com

L'astérisque (*) signale les mots expliqués dans le lexique p. 150.

Les pictogrammes de la frise aident à identifier la nature de l'information :

Chiffres et records

Fausses idées

Histoire de la paléontologie

Observation

Faune et flore

Culture

Anatomie

Texte : Romain Amiot
Édition : Françoise Ancey
Contribution rédactionnelle : Jean-Pierre Marenghi
Direction artistique : Armelle Riva
Mise en page : Catherine Enault
Fabrication : Florence Bellot

DES DINOSAURES

Sommaire

Le Mésozoïque : l'ère des reptiles

Les 185 millions d'années qui constituent le Mésozoïque* auront été propices à l'épanouissement des reptiles. C'est durant cette période que sont apparus les dinosaures, maîtres incontestés des écosystèmes terrestres jusqu'à la fin du Crétacé.

La chronologie des géologues

L'histoire de la Terre, qui a débuté il y a environ 4,5 milliards d'années, a été divisée en ères auxquelles les géologues ont donné un nom. C'est au cours des trois dernières, le Paléozoïque, le Mésozoïque* et le Cénozoïque*, que la vie a évolué de façon spectaculaire. Les limites de ces époques correspondent à des événements importants qui ont affecté notre planète comme des catastrophes naturelles à grande échelle ayant entraîné la disparition de nombreuses espèces animales et végétales. L'ère des dinosaures est le Mésozoïque, séparé lui aussi en trois sous-époques (ou systèmes) : le Trias, le Jurassique et le Crétacé. Le Mésozoïque a duré environ 185 millions d'années, un moment relativement court comparé à l'histoire de la planète, mais très long en ce qui concerne l'histoire de la vie.

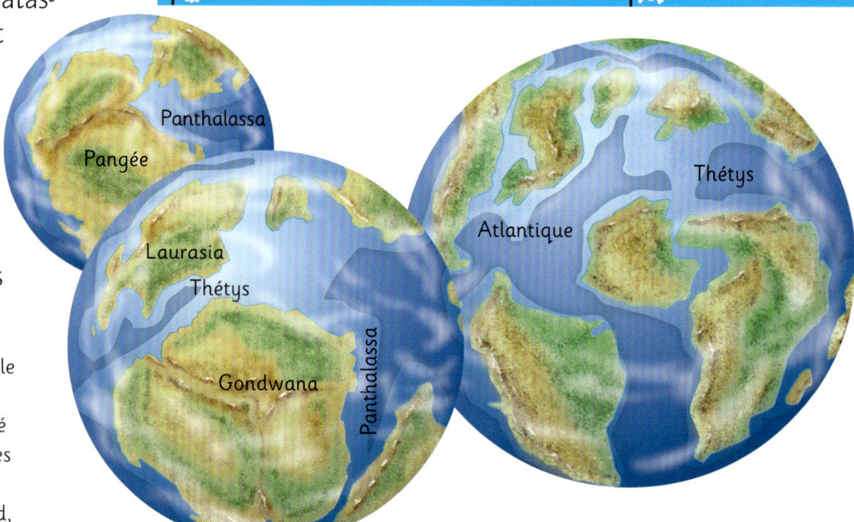

La surface de la Terre n'a pas toujours été la même que celle d'aujourd'hui. Au début du Mésozoïque, tous les continents étaient réunis en un seul supercontinent, la Pangée, entouré par un océan unique, la Panthalassa. Lorsque les dinosaures sont apparus, ils ont rapidement pu se disperser partout. La Pangée s'est ensuite divisée en deux continents : au nord, la Laurasia (Amérique du Nord, Europe, Asie) ; au sud, le Gondwana (Amérique du Sud, Afrique, Australie, Inde et Antarctique). Laurasia et Gondwana étaient séparés par un océan, la Téthys, dont il ne reste aujourd'hui qu'une toute petite mer, la Méditerranée.

Pendant le Mésozoïque, une grande partie de la France était sous la mer. Seules quelques îles plus ou moins importantes émergeaient. Ces îles correspondent aujourd'hui à certaines de nos chaînes de montagnes comme les Pyrénées, les Vosges, le Massif central ou encore le Massif armoricain.

Les noms donnés aux différentes périodes de l'histoire de la Terre ont une signification précise. "Trias" fait allusion aux trois sous-époques qui le composent ; "Jurassique" fait référence aux couches géologiques que l'on trouve dans le Jura ; "Crétacé" vient de la craie, l'une des roches les plus abondantes de l'époque.

Explosion de la vie
Extinction de masse
Apparition des dinosaures
Apparition des premiers mammifères
Apparition des premiers oiseaux
200 000 ans, Homo sapiens
Ma : millions d'années

Les climats au Mésozoïque

La découverte de nombreux fossiles d'animaux et de végétaux indique que, durant le Mésozoïque, la température était globalement bien plus élevée qu'aujourd'hui. Dans des pays tempérés, comme la France, ou d'autres plus froids, comme le Canada, chaleur et humidité régnaient. Pour preuve, la mise au jour de crocodiles fossiles, qui ne vivent habituellement que dans des environnements "tropicaux". En outre, les données géologiques et paléontologiques montrent qu'il n'y avait probablement pas de calottes glaciaires aux pôles. De telles conditions climatiques ont sans doute permis aux dinosaures d'atteindre des tailles gigantesques.

DÉFINITION

La géologie est la science qui étudie les éléments constitutifs du sous-sol de la Terre, comme les roches, les minéraux, les sédiments ou les fossiles. Elle est divisée en de nombreuses spécialisations dont la paléontologie qui consiste à analyser toute trace ou tout reste laissés par un être vivant dans la roche : os, dent, coquille, empreinte...

On nomme encore parfois le Mésozoïque "ère secondaire". Il s'agit d'un ancien terme proposé par les géologues au XVIIIe siècle qui divisaient les couches géologiques en quatre grandes ères : primaire (maintenant Paléozoïque), secondaire (Mésozoïque), tertiaire (Cénozoïque) et quaternaire.

On dit souvent que le Mésozoïque est l'ère des reptiles, et le Cénozoïque, celle des mammifères. Cela ne signifie pas que les mammifères sont apparus après la disparition des dinosaures. Bien au contraire, les premiers mammifères datent du Trias supérieur, et ont donc quasiment coexisté avec les dinosaures !

Qui étaient les dinosaures ?

Ils ont régné sur Terre pendant plus de 185 millions d'années avant de disparaître brutalement. L'étonnant succès de ces créatures d'un autre âge demeure aujourd'hui encore un mystère pour les scientifiques qui continuent de découvrir chaque année des dizaines de nouvelles espèces.

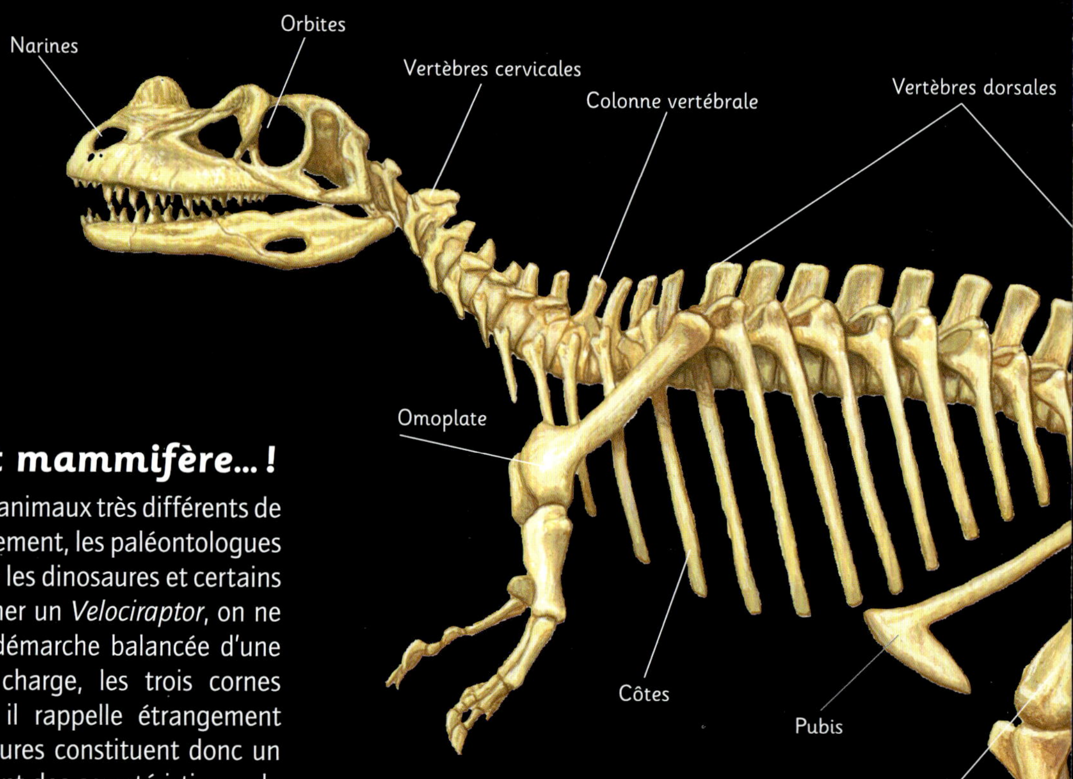

Reptile, oiseau et mammifère... !

Bien que les dinosaures soient des animaux très différents de ce que nous connaissons habituellement, les paléontologues ont remarqué des similitudes entre les dinosaures et certains animaux actuels. En voyant marcher un *Velociraptor*, on ne peut s'empêcher de penser à la démarche balancée d'une autruche. Lorsqu'un *Triceratops* charge, les trois cornes menaçantes pointées en avant, il rappelle étrangement l'assaut du rhinocéros. Les dinosaures constituent donc un groupe totalement à part possédant des caractéristiques de reptiles (au niveau de leur squelette), mais aussi d'oiseaux et de mammifères en ce qui concerne leurs biologies, leurs modes de vie et leurs façons de se déplacer.

En 1842, l'anatomiste anglais Richard Owen crée le mot "dinosaure", du grec *deinos* "terrible" et *sauros* "lézard". À cette époque, le scientifique ne savait pas encore qu'il existait des dinosaures plus petits que des lapins !

Pour baptiser un dinosaure, les paléontologues ne manquent pas d'originalité. Le sauropode*, dont les restes ont été découverts au milieu des vignes, a été nommé *Ampelosaurus*, le "lézard du vignoble". *Elvisaurus* était un théropode qui possédait une crête sur la tête rappelant la coiffure d'Elvis Presley !

De véritables colonisateurs !

Les dinosaures ont vécu sur tous les continents et à toutes les latitudes. Ils étaient capables de supporter aussi bien les fortes chaleurs de l'équateur que les climats plus rigoureux des pôles Nord et Sud de l'époque. Attention toutefois à ne pas croire que tous les dinosaures aient vécu en même temps. Un *Tyrannosaurus rex*, par exemple, n'aurait jamais pu s'attaquer à un stégosaure, car ce dernier vivait plus de 80 millions d'années avant l'apparition du terrible prédateur. Il est aussi peu probable que *Velociraptor*, qui vivait en Mongolie et en Chine, ait un jour chassé les *Centrosaurus* (dinosaures herbivores du Canada). Même si ces deux dinosaures ont vécu au même moment, il aurait fallu que l'un des deux traverse l'océan Pacifique pour se rencontrer !

NE PAS CONFONDRE !

On appelle souvent "dinosaure" tout grand reptile disparu, alors que ce terme est strictement réservé à un groupe qui ne comporte que des animaux terrestres. Les reptiles marins, tels les ichthyosaures, les plésiosaures ou encore les mosasaures ainsi que les ptérosaures (reptiles volants) qui vivaient en même temps que les "terribles lézards", ne sont pas des dinosaures.

De nobles ancêtres

Les dinosaures appartiennent au groupe des archosauriens, terme qui signifie littéralement "reptiles souverains". C'est dans ce groupe que l'on trouve aussi les crocodiles, les plus proches cousins actuels des dinosaures, et d'autres reptiles aujourd'hui disparus. Parmi ceux-ci, les ptérosaures (reptiles volants) sont de loin les plus connus (*voir p.68-69*), mais il existait aussi les phytosaures (ressemblant aux crocodiles), les paisibles ætosaures (reptiles herbivores) et les terribles rauisuchiens, les plus gros prédateurs du Trias. C'est au cours de cette ère que se sont développés les archosauriens et que sont apparus les dinosaures.

Aetosaurus

Crâne et squelette de *Ceratosaurus*.

Les squelettes entiers de dinosaures sont très rares. Les paléontologues ne trouvent généralement que des os ou fragments d'os isolés. Il est toutefois possible d'identifier un dinosaure avec quelques fossiles seulement. Certaines espèces ne sont, en effet, connues que par leurs dents !

Au fil des découvertes, les paléontologues se sont aperçus que, durant le Mésozoïque*, tout animal terrestre de plus de 50 kg était un dinosaure. Les dinosaures devaient donc dominer la plupart des environnements terrestres, empêchant les autres groupes de les concurrencer.

Les principaux groupes

Pour mieux comprendre les relations de parenté entre les dinosaures, des classifications ont été créées sur la base de caractères particuliers observés sur leur squelette. Ces arbres généalogiques sont encore aujourd'hui très discutés par les paléontologues, car certains dinosaures ne sont connus que par peu de restes qui restent difficiles à classer.

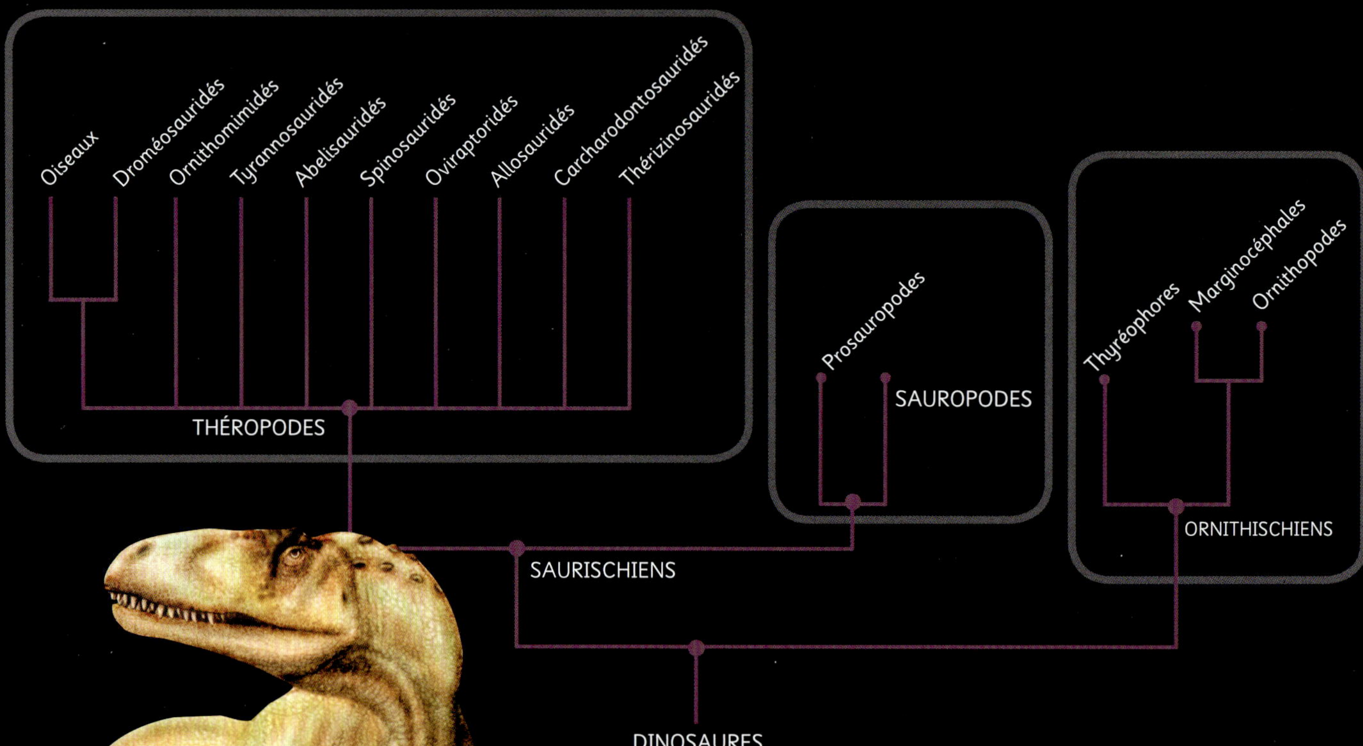

Chasmosaurus, *Abelisaurus* et *Omeisaurus*, trois types de dinosaures qui reflètent la diversité des "terribles lézards".

En 1881, l'Américain O. C. Marsh invente le terme "theropoda", signifiant littéralement "pied de bête sauvage". Ce paléontologue a aussi baptisé de nombreux dinosaures, tels qu'*Allosaurus*, *Apatosaurus*, *Diplodocus*, *Ornithomimus*, *Stégosaurus* et *Triceratops*.

Les scientifiques pensent que les 700 espèces de dinosaures connus aujourd'hui ne représenteraient que 5 à 20 % des espèces ayant existé au Mésozoïque*. Il resterait donc encore à découvrir quelques milliers, voire quelques dizaines de milliers d'espèces...

Une grande famille

Les dinosaures comptent aujourd'hui plus de 700 espèces. Ils sont divisés en deux principaux groupes, les saurischiens et les ornithischiens, qui se distinguent par la morphologie des os de leur bassin. Ceux-ci ont une importante fonction puisqu'ils servent de points d'attache des tendons et muscles des membres, de la queue et de la colonne vertébrale. Les **saurischiens** ou dinosaures à "bassin de reptile" comprennent les **théropodes** (pour la plupart carnivores) et les **sauropodes*** (herbivores à long cou, comme *Diplodocus*). Les **ornithischiens** ou dinosaures à "bassin d'oiseau" réunissent les **ornithopodes** (comme les iguanodons), les **thyréophores** (stégosaures et ankylosaures, par exemple) et les **marginocéphales** (pachycéphalosaures et cératopsiens, entre autres).

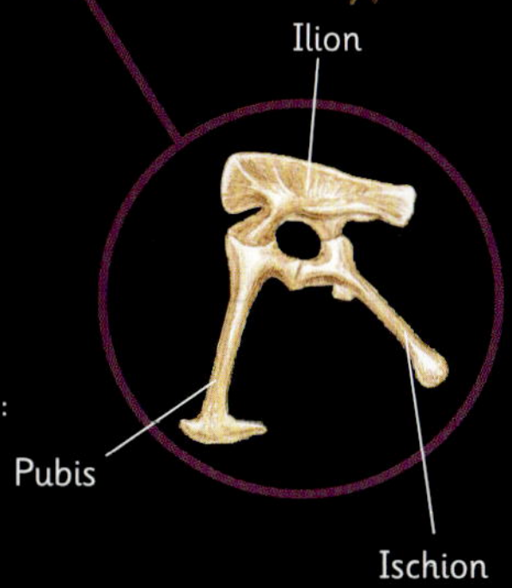

Trois os constituent le bassin des dinosaures : le pubis, l'ischion et l'ilion. Chez les saurischiens, le pubis est orienté vers l'avant, l'ischion vers l'arrière et l'ilion est situé au sommet du bassin et relié à la colonne vertébrale.

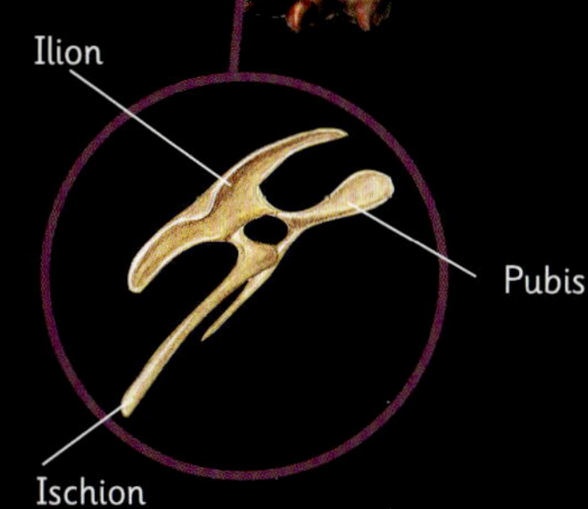

Chez les ornithischiens, le pubis est aplati dans la continuation de l'ischion et se prolonge vers l'arrière, parallèle à l'ilion.

Le groupe des théropodes

Les théropodes regroupent tous les dinosaures bipèdes carnivores, ainsi que certaines espèces, elles aussi bipèdes mais dépourvues de dents et probablement herbivores. Parmi ces animaux, se trouvent les plus gros prédateurs terrestres que la Terre ait connus, comme les spinosaures ou les tyrannosaures, ainsi que les plus petits : certains droméosaures ont la taille d'un pigeon. Ce dernier groupe de dinosaures intéresse particulièrement les paléontologues puisqu'il serait à l'origine de celui des oiseaux.

C'est en Amérique du Nord et en Asie qu'a été trouvé le plus grand nombre d'espèces de dinosaures : environ 180 sur chaque continent. En Europe, on en connaît moins d'une centaine, et en Amérique du Sud et en Afrique, les paléontologues n'en recensent qu'une cinquantaine.

L'Antarctique est un continent largement inexploré. Une espèce y a pourtant été découverte dans des roches épargnées par les glaces quelques semaines par an. Tout laisse supposer qu'il existait dans cette région de nombreuses espèces de dinosaures encore inconnues.

Les premières découvertes

Lorsque les premiers fossiles de dinosaures furent découverts il y a quelques milliers d'années, personne ne pouvait concevoir un seul instant que c'étaient les os de gigantesques reptiles. Les hommes pensèrent, des siècles durant, que ces restes appartenaient à des créatures extraordinaires, jusqu'au jour où la fiction devint réalité...

L'équipe de chasseurs de dinosaures de O. C. Marsh est prête à affronter les dangers de l'Amérique sauvage, lors d'une expédition de 1872.

Les découvreurs

Dans les années 1820-1830, Gideon Mantell, un médecin anglais, et William Buckland, un professeur à l'université d'Oxford, identifient des reptiles terrestres de très grande taille, mais sans pouvoir les rattacher à un groupe. Ils les baptisent *Megalosaurus, Iguanodon* et *Hylaeosaurus*. En 1842, l'anatomiste Richard Owen propose de regrouper ces trois reptiles en un ensemble particulier, les "dinosaures". Les terribles lézards sont nés, et les découvertes vont se succéder à un rythme effréné aussi bien en Europe qu'en Amérique du Nord.

DRAGONS, GRIFFONS ET AUTRES CRÉATURES MYTHIQUES

Aux IIIe et IVe siècles, on découvrit dans la province chinoise du Sichuan (région aujourd'hui mondialement connue pour sa richesse en gisements à dinosaures) des os très particuliers qu'on attribua alors à des dragons ! Dans le désert de Gobi, en Mongolie, les restes fossiles de *Protoceratops*, un petit dinosaure de la famille du *Triceratops*, furent sans doute à l'origine de la légende du griffon, créature mi-lion mi-oiseau. L'exhumation de crânes d'éléphant dans des grottes situées sur des îles de Méditerranée a donné naissance au fabuleux mythe des cyclopes, ces géants à l'œil unique : les hommes pensaient que l'énorme trou des narines au centre du crâne était l'orbite d'un œil gigantesque !

Iguanodon (en haut) et *Megalosaurus* marchent ici à quatre pattes. Les scientifiques de l'époque ne se doutaient pas qu'ils pouvaient être bipèdes, car peu de restes fossiles étaient alors connus.

Megalosaurus, le "gros reptile", a été baptisé ainsi à cause de sa grande taille par rapport aux reptiles connus. *Iguanodon* signifie "dent d'iguane" car ses dents sont similaires à celles des iguanes actuels. *Hylaeosaurus*, le "lézard des bois", a été trouvé dans la forêt de Tilgate en Angleterre.

En décembre 1853, un grand banquet est organisé par Richard Owen et le sculpteur Waterhouse Hawkins à l'intérieur d'un... ventre d'*Iguanodon* ! Cette maquette fut ensuite exposée dans un parc près de Londres et connut un grand succès auprès du public.

Dans les années 1890, les squelettes exposés à l'institut des Sciences de Bruxelles montraient les *iguanodons* comme des dinosaures bipèdes*. Des dizaines d'années plus tard, on se rendit compte de l'erreur et les iguanodons furent remontés comme des animaux quadrupèdes.

La ruée vers l'os

Vers la moitié du XIXe siècle, les premiers dinosaures sont trouvés aux États-Unis. Tout d'abord, dans l'État du Montana, on découvre quelques dents isolées, ressemblant à celles d'*Iguanodon* et de *Megalosaurus*. Les dinosaures, décrits à partir de ces dents, sont baptisés *Trachodon* et *Deinodon*. À partir de 1877, la connaissance des dinosaures fait un bond en avant avec les travaux des scientifiques américains Othniel C. Marsh et Edward D. Cope. Ces frères-ennemis organisent de nombreuses campagnes de fouilles dans le Colorado, le Wyoming ou le Montana et mettent au jour pas moins de cent trente nouvelles espèces de dinosaures, dont les fameux *Allosaurus*, *Diplodocus* ou encore *Stegosaurus*. Ces investigations ne sont pas sans danger, et les membres des équipes, généralement d'anciens chercheurs d'or, sont bien armés pour se défendre contre les attaques d'Indiens.

Les Iguanodons de Belgique

En 1878, dans une mine de charbon près du village de Bernissart, une quarantaine de squelettes complets (ou presque) d'iguanodons sont trouvés à plus de 300 m de profondeur. Une fouille est alors entreprise pour extraire ce troupeau sorti tout droit du fond des âges ! Cette découverte extraordinaire permet aux scientifiques d'avoir une idée précise de l'anatomie de l'animal et d'en proposer une reconstitution fidèle. Aujourd'hui, trente de ces iguanodons sont exposés à l'institut royal des Sciences naturelles de Bruxelles.

Des dinosaures partout !

À la fin du XIXe et au début du XXe siècle, les scientifiques organisent d'impressionnantes expéditions aux quatre coins du monde pour découvrir d'autres dinosaures. Au Canada, ils prospectent à bord d'une barge les couches géologiques qui bordent les rivières de l'Alberta et trouvent notamment un cousin du tyrannosaure, *Albertosaurus*. En Afrique, et plus particulièrement en Tanzanie, des dinosaures comme *Brachiosaurus* ou encore *Kentrosaurus* sont découverts par des paléontologues allemands. Entre 1920 et 1950, des équipes américaines, puis russes mettent au jour en Mongolie de nombreux autres dinosaures tels *Velociraptor*, *Tarbosaurus* et *Protoceratops*. En Chine, des équipes internationales ont, à leur tour, extrait des dizaines de nouvelles espèces. Et plus tard, c'est en Amérique du Sud, en Australie et en Antarctique que des restes de dinosaures sont récoltés. Les paléontologues se rendent alors compte que les dinosaures ont vécu sur tous les continents.

Découverte d'un nid garni d'œufs de dinosaures en Mongolie.

Au XIXe siècle, dans le département de l'Ariège, l'abbé Jean-Jacques Pouech découvre de nombreux ossements de reptiles, y compris de dinosaures. Mais on ne sait plus depuis où ils sont entreposés... Ce n'est que très récemment qu'ils ont été retrouvés dans un collège de Pamiers (Ariège) !

Au XIXe siècle, le géologue Philippe Matheron a trouvé, en Provence, de nombreux fossiles de crocodiles, tortues et dinosaures. Il décrivit notamment un dinosaure apparenté au fameux *Iguanodon* qu'il a baptisé *Rhabdodon*, prouvant ainsi que ces reptiles avaient vécu au Crétacé supérieur en France.

Dans la série télévisée *Sur la Terre des dinosaures*, *Iguanodon* est bien reconstitué. Il est quadrupède.

Reconstitutions au fil des découvertes

Reconstituer un squelette de dinosaure à partir des os désarticulés, c'est un peu comme tenter de résoudre un puzzle sans repère aucun et, surtout, sans connaître l'image finale. Avec le temps, plus les découvertes de dinosaures se sont multipliées et plus leurs représentations ont évolué. Quel est le point commun en effet entre un *Iguanodon* dessiné au XIXe siècle et celui mis en scène dans un film du XXIe siècle ?

Illustration extraite d'un ouvrage allemand de 1886 où figurent des dinosaures du Jurassique et du Crétacé.

Des lézards géants

Lorsque les premiers restes de dinosaures furent trouvés, au début du XIXe siècle, les scientifiques pensèrent qu'ils appartenaient à des reptiles de taille gigantesque. Avec très peu de fossiles mais une imagination débordante, ils les représentèrent comme des gros lézards : recouverts d'écailles, le ventre et la queue traînant sur le sol et passant le plus clair de leur temps à se prélasser au soleil. Leur appartenance aux reptiles suggérait également qu'ils possédaient un tout petit cerveau et n'étaient, de ce fait, pas très intelligents.

L'*Iguanodon*, dessiné par le célèbre médecin anglais Gideon Mantell (1790-1852), est représenté ici dressé sur ses deux pattes arrière, la queue traînant sur le sol.

Entre gros chiens et rhinocéros

À mesure que de nouveaux restes de dinosaures étaient exhumés, les scientifiques ont modifié leurs reconstitutions. À la suite des travaux de Richard Owen au milieu du XIXe siècle, les dinosaures n'étaient plus imaginés comme des gros lézards, mais comme des créatures plus massives, dressées sur leurs pattes, et à l'allure beaucoup plus agressive. Au moment où ces reconstitutions étaient réalisées, aucun squelette entier n'avait encore été découvert.

Un os pointu très curieux appartenant au squelette d'*Iguanodon* avait été interprété comme étant une corne. Les scientifiques la placèrent logiquement au bout du nez du gros lézard. Ce n'est qu'à partir de 1878 que les scientifiques se sont rendu compte que cette corne était en fait le pouce du dinosaure !

Lorsque les scientifiques pensaient encore que les sauropodes étaient des animaux aquatiques, ils ont vu dans la position au-dessus des yeux des narines de *Brachiosaurus* que celui-ci pouvait se déplacer dans les lacs profonds en gardant seulement le haut de la tête émergée.

Bipèdes* ou aquatiques

Les riches gisements d'Amérique du Nord ont livré aux paléontologues Marsh et Cope les premiers squelettes complets de dinosaures dès la fin du XIXe siècle. Grâce à l'étude de ces squelettes et aux connaissances de l'époque, le public pouvait pour la première fois admirer des dessins de *Tyrannosaurus*, *Diplodocus* ou encore de *Stégosaurus*, mais avec des postures pour le moins originales. En effet, les gros sauropodes* tel *Diplodocus*, étaient pour les scientifiques trop lourds pour vivre sur la terre ferme et devaient passer l'essentiel de leur vie dans des lacs et marais pour supporter leur propre poids. Quant aux théropodes et aux ornithopodes comme l'*Iguanodon* ou les hadrosaures, les artistes les représentèrent dressés sur leurs pattes arrière, à la manière des kangourous, avec leur lourde queue traînant au sol.

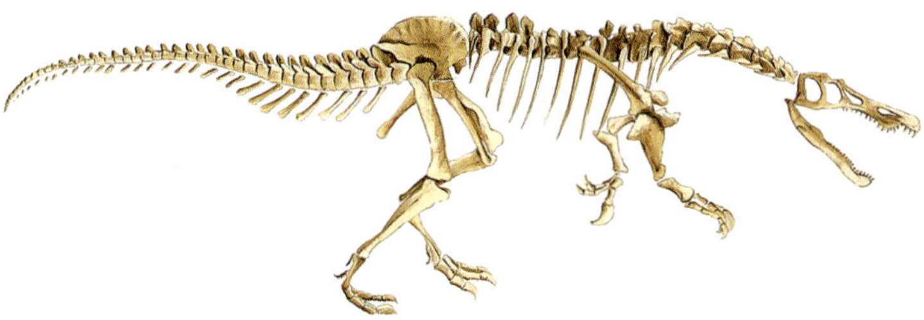

Avec les connaissances anatomiques modernes, on peut reconstituer fidèlement l'apparence d'un dinosaure (ici *Baryonyx*), d'abord en représentant ses muscles, puis en le recouvrant de peau.

Les dinosaures aujourd'hui

Au XXIe siècle, l'image des dinosaures a encore évolué. Les nombreuses découvertes réalisées ces dernières décennies, dont celle des empreintes de pas de dinosaures, ont non seulement montré que leur queue ne traînait pas, mais encore qu'ils étaient moins dressés que les kangourous. Les sauropodes ne vivaient finalement pas dans l'eau et pouvaient même se déplacer sur de longues distances. Quant à certains théropodes, ils étaient non seulement des chasseurs très actifs capables de se déplacer rapidement et avec beaucoup d'agilité, mais ils adoptaient également des stratégies de chasse en meute. Ils sont donc considérés aujourd'hui plutôt comme actifs et intelligents, exactement l'inverse de ce que pensaient les premiers paléontologues !

Une équipe de scientifiques pensait avoir trouvé des empreintes de dinosaures qui se déplaçaient en sautant à la manière des kangourous. Des études récentes ont montré qu'il s'agissait en réalité de traces laissées par une tortue aquatique dont les pattes touchaient le fond à chaque mouvement.

L'orientation du cou des sauropodes est sujet à polémiques : pour certains, ils avaient le cou dressé afin de brouter les hauts feuillages ; pour d'autres, ils avaient le cou à l'horizontale et se nourrissaient de végétation basse. Il est fort possible que les deux types de sauropodes aient existé...

De l'os à la roche

L'ensemble des processus qui transforment un organisme mort en fossile s'appelle la fossilisation. C'est un phénomène exceptionnel puisque la plupart des cadavres se décomposent et disparaissent bien avant qu'ils puissent être pétrifiés. Le passage du cadavre au fossile peut durer plusieurs millions d'années... !

Les cas les plus rares

Si tous les tissus biologiques constituant les êtres vivants ne se fossilisent pas aussi bien que les squelettes ou les coquilles (tous deux étant très minéralisés et donc très résistants), il arrive, dans des cas particuliers, que d'autres types de tissus soient conservés ou imprimés dans la roche. Les paléontologues ont ainsi découvert des animaux fossilisés avec le contenu de leur estomac (c'est-à-dire le dernier repas qu'ils ont pris avant de mourir), des impressions de peaux, de poils, de plumes ou même d'organes. Parfois des dinosaures ont été brutalement ensevelis alors qu'ils se nourrissaient, dormaient ou accouchaient ! Ces fossiles d'exception sont extrêmement précieux car ils fournissent des informations inespérées sur la biologie, le mode de vie et l'anatomie des espèces disparues.

En 1968, les restes d'un squelette exceptionnel de plésiosaure ont été découverts dans une mine en Australie. Le fossile est en opale, une pierre précieuse utilisée pour fabriquer des bijoux. Ce reptile marin est le plus cher fossile du monde !

Scipionix est un petit théropode du milieu du Crétacé (100 millions d'années) trouvé en Italie dans des couches de roches très fines qui ont moulé certains de ses organes. Les paléontologues ont pu observer ses voies respiratoires, certains de ses muscles, mais aussi ses intestins et son foie !

Étape ❶ : Mort et décomposition

Après la mort d'un dinosaure, sa carcasse, qui repose sur la terre ferme, a de forts risques d'être dépecée par des charognards qui ne laisseront que le squelette. La pluie, l'air et les changements de température altèrent les os, et dans des environnements très acides comme les forêts, ceux-ci vont se décomposer et disparaître totalement. Dans la nature actuelle, la plupart des animaux qui meurent ne laissent aucune trace de leur corps. Des scientifiques ont estimé que sur environ mille vertébrés* qui succombent, moins de cinquante subsistent sous forme de quelques restes osseux au bout d'un an de décomposition et finissent par disparaître complètement au bout de dix à quinze ans.

COULEURS DES OS

Les os fossilisés sont de différentes couleurs, le plus fréquemment blancs, rouges ou noirs. La couleur naturelle de l'os est le blanc. L'os fossilisé de couleur rouge (ici une plaque dermique* de crocodile) indique que, lors de la diagenèse, il s'est chargé en fer alors que l'os noir (ici une carapace de tortue) est très riche en manganèse (métal gris et dur). La couleur est donc liée aux éléments chimiques présents dans le sédiment qui ont été incorporés par l'os pendant la fossilisation.

Étape ❷ : Enfouissement

Dans le cas le plus favorable où le dinosaure meurt en bordure d'un lac ou d'une rivière, il est rapidement enseveli par des sédiments déposés lors de crues successives. Ces sédiments isolent la carcasse du milieu extérieur et la protègent de la décomposition. Il arrive aussi qu'une crue emporte le dinosaure dans le cours d'une rivière ou d'un fleuve jusqu'à la mer, au fond de laquelle il finira par se déposer et pourra être également recouvert de sédiments. Parfois, une carcasse gisant sur la terre ferme est ensevelie sous des dunes ou des cendres volcaniques, la protégeant ainsi de la décomposition complète.

Étape ❸ : Transformation

Au fil des années, les restes du dinosaure sont enfouis sous plusieurs mètres de sédiments déposés durant les crues successives. Les changements de conditions physiques (pression, température) et chimiques (acidité du milieu ou éléments présents autour de la carcasse) vont entraîner la transformation progressive de l'os en roche. Les vides dans l'os seront comblés par des minéraux et parfois l'os lui-même sera complètement cristallisé. L'ensemble de ces différents processus de transformation est appelé la diagenèse, au cours de laquelle le sédiment devient roche et l'os se fossilise.

Étape ❹ : Réapparition

Le dinosaure est ainsi devenu en quelques millions d'années un fossile, mais il est toujours enfoui sous plusieurs mètres, voire plusieurs centaines de mètres de roche. Sous l'effet de l'érosion* et des mouvements de la croûte terrestre, le dinosaure fossilisé va progressivement "remonter" à la surface. Il ne restera plus aux paléontologues qu'à le trouver… assez rapidement car s'il reste trop longtemps exposé à l'érosion, il sera lui-même détruit et disparaîtra définitivement.

Aujourd'hui, les scanners permettent aux paléontologues de regarder à l'intérieur des fossiles sans les abîmer pour étudier certaines structures internes jusqu'alors inaccessibles. Il est par exemple possible d'observer les embryons présents dans des œufs fossilisés de dinosaures.

L'ADN, cette molécule qui contient toutes les informations génétiques d'un être vivant, a une durée de vie maximale de quelques dizaines de milliers d'années. Il est donc très peu probable qu'un jour on trouve et utilise de l'ADN de dinosaure pour en faire "renaître" aujourd'hui…

Anatomie des théropodes

Les théropodes étaient de véritables machines à tuer aux extrémités mortelles. Tout dans leur anatomie nous indique que ces prédateurs se sont spécialisés dans leur mode d'attaque en fonction des proies convoitées et de leur terrain de chasse.

Lorsque le théropode court, il a le corps à l'horizontale, la tête en avant. Pour s'équilibrer, **la queue** se dresse aussi à l'horizontale, en arrière. Le centre de gravité, ou point d'équilibre, se situe ainsi au niveau du bassin, et permet à l'animal de garder l'équilibre même s'il baisse la tête pour tenter de mordre les mollets de sa proie.

Avec leurs **longues jambes** taillées pour la course, les théropodes sont de véritables champions ! Leurs membres sont de surcroît redressés et se trouvent dans l'axe du corps, à l'instar des mammifères actuels. Une telle orientation, fort différente de celle des reptiles, permet de soutenir le corps au-dessus du sol sans que l'animal ne se fatigue. Les dinosaures peuvent ainsi courir très vite en effectuant des mouvements amples.

LES ORNEMENTS CRÂNIENS

Certains théropodes, les cératosaures, possédaient sur leur crâne des structures originales telles des cornes chez *Carnotaurus* (voir p. 58) ou des crêtes chez *Dilophosaurus* (voir p. 31). Ces structures n'avaient peut-être qu'une fonction ornementale. Les cornes, en revanche, devaient être utilisées lors de combats entre mâles.

Afin d'évaluer les distances lors des poursuites, les prédateurs actuels voient en relief grâce à leurs yeux situés sur le devant de la tête ; les herbivores ont les leurs sur les côtés pour surveiller toutes les directions. Les théropodes avaient aussi les orbites orientées vers l'avant.

Les yeux démesurément grands pour sa taille font penser que le petit théropode *Troodon*, que l'on trouve en Amérique du Nord et en Asie, devait être un chasseur nocturne, probablement actif dès la tombée de la nuit.

Grâce à la présence de nombreuses “fenêtres”, ou ouvertures, qui contiennent des muscles ou des organes sensoriels*, **le crâne** des théropodes est très léger. Chez les dinosaures uniquement, il existe une autre fenêtre située en avant des orbites. De face, un crâne de théropode semble extrêmement fin, comme aplati des deux côtés.

La forme particulière **des dents**, pointues et aplaties, permet aux théropodes de déchiqueter efficacement la chair. De plus, les bordures des dents sont fines et couvertes de denticules* qui améliorent la découpe à la manière des couteaux à steak. Les dents situées en avant de la mâchoire sont plus massives et moins aplaties que les autres car elles servent à saisir des proies qui peuvent se débattre vigoureusement. Elles doivent donc être très résistantes.

Les théropodes et les autres reptiles ont en commun **une mandibule** (mâchoire inférieure) composée de plusieurs os. Ils produisent des dents leur vie durant comme tous les dinosaures, les crocodiles ou les requins. Ces dents ne “fonctionnent” que quelques mois, car elles s’usent rapidement, ou sont arrachées lors de la chasse.

Leurs membres antérieurs sont beaucoup plus courts que leurs membres postérieurs. Les théropodes sont donc exclusivement bipèdes. D’après la forme des os, ils utilisent leurs membres antérieurs pour saisir leurs proies. Un cas à part cependant : les tyrannosauridés ont des membres trop courts pour être réellement efficaces *(voir p. 42-43)*.

Les griffes ne sont en réalité que le revêtement corné qui recouvre les dernières phalanges des doigts. C’est la morphologie de celles-ci qui nous donne une idée de la forme des griffes, car elles ne sont pas conservées lors de la fossilisation. Les théropodes possèdent deux types de griffes : des fines et tranchantes qui leur servent à découper la chair, et des plus massives qui leur permettent de maintenir leurs proies à terre tout en leur infligeant de graves blessures.

Attention, tous les théropodes sont bipèdes, mais la bipédie n’est pas une caractéristique du seul groupe des théropodes. Il existe en effet des dinosaures herbivores bipèdes appartenant à d’autres groupes, comme les psittacosaures et certains cératopsiens.

Les grands théropodes couraient-ils vite ? Selon certains paléontologues, une chute lors d’une course pouvait les blesser gravement à cause de leur masse importante. Pour d’autres, la vitesse était l’un de leurs atouts majeurs pour chasser les dinosaures herbivores qui pouvaient se déplacer rapidement.

Le petit droméosauridé *Bambiraptor* était un redoutable chasseur. Ses minuscules dents très tranchantes lui permettaient de découper facilement la chair de ses victimes.

À chacun son menu

Afin d'éviter d'être en compétition pour les mêmes ressources alimentaires, la plupart des animaux se spécialisent dans la consommation d'un type de nourriture. Il en était de même pour les théropodes dont la morphologie s'est progressivement adaptée à leur type de proies et à la manière de les dévorer.

Les "découpeurs de chair"

Certains théropodes, tels l'allosaure ou les droméosauridés, n'avaient pas beaucoup de force dans la mâchoire par rapport à d'autres prédateurs. Ils possédaient, en revanche, des dents fines et tranchantes en forme de couteaux à steak et aux bordures couvertes de denticules*. Ces dents leur servaient à découper dans le corps de leurs victimes des lambeaux de chair qu'ils avalaient goulûment en s'aidant de mouvements de la tête et du cou. En outre, la grande élasticité des joints qui relient les os de son crâne permet à l'allosaure d'agrandir l'ouverture de sa gueule pour avaler de très gros morceaux de viande.

Les mâchoires des grands alligators peuvent exercer une force de près de 1,5 tonnes, la plus puissante que l'on connaisse chez les prédateurs actuels. C'était sans doute avec des dents et des mâchoires aussi implacables que *T. rex* dévorait ses proies.

On découvre souvent des dents de théropodes associées à des squelettes de dinosaures herbivores. Il s'agit de dents perdues par les prédateurs alors qu'ils attaquaient ou dévoraient leur proie. Il ne faut pas oublier que les théropodes fabriquaient des dents tout au long de leur vie...

Les théropodes “à bec”

Quelques groupes de théropodes (oviraptorosaures ou ornithomimidés) n’ont pas de dents, mais un bec corné à la place. Les bordures de ces becs devaient être fines et tranchantes comme celles des rapaces actuels. Ils pouvaient ainsi s’attaquer à de petites proies : insectes, reptiles, mammifères ou bébés dinosaures. Certains de ces dinosaures à bec ont pu être herbivores. Des galets, appelés gastrolithes, ont en effet été découverts dans leur corps et devaient avoir la même utilité que ceux présents dans le gésier* de certains oiseaux herbivores, telles les poules ou les oies.

Le petit oviraptorosaure s’apprête à dévorer un *Protoceratops* à l’aide de son bec tranchant.

Les “casseurs d’os”

D’autres théropodes, comme le tyrannosaure, possédaient à l’inverse de l’allosaure de longues dents (*voir p. 44-45*) très épaisses, ainsi que des mâchoires puissantes actionnées par des muscles bien développés. Avec un tel dispositif, le tyrannosaure croquait dans la carcasse de sa victime et arrachait à la fois de la chair et des fragments d’os qu’il broyait entre ses mâchoires. Il avalait ensuite le tout et les os n’étaient qu’en partie digérés, c’est pourquoi les paléontologues en ont retrouvés dans des crottes fossilisées. Les dents du tyrannosaure étaient toutefois trop longues pour pouvoir briser les gros os des membres. Ils ne croquaient que dans le ventre.

DENTS

Il est possible de distinguer les dents situées en avant des mâchoires de celles situées en arrière. Les dents en avant sont en effet plus massives et moins aplaties que les autres dents car leur fonction est de saisir la proie ; elles doivent donc être plus résistantes que les dents latérales dont la seule fonction est la découpe.

Le tyrannosaure vient d’arracher une patte de *Triceratops*. Après l’avoir orientée pour qu’elle rentre dans son énorme gueule, il l’avale goulûment d’un coup tête en avant.

Les paléontologues trouvent parfois dans des squelettes de théropodes des dents isolées de la même espèce montrant des traces de dissolution par des sucs digestifs*. Il s’agit souvent de leurs propres dents qu’ils ont avalées accidentellement pendant qu’ils se nourrissaient.

On peut déterminer le type d’alimentation des dinosaures en étudiant leurs “crottes fossilisées” ou coprolithes. De nombreux coprolithes de dinosaures contenant des restes non digérés ont été trouvés, mais il est souvent difficile de savoir quelle espèce les a produites.

Le petit carnivore *Sinosauropteryx* possédait de nombreux filaments qui recouvraient son corps.

Théropodes à sang chaud !

Un important dilemme divise depuis longtemps les paléontologues : les dinosaures étaient-ils à sang froid à l'instar de leurs cousins reptiles, ou à sang chaud comme les mammifères, ou les oiseaux, leurs descendants directs ? Différents arguments tendent à montrer que les théropodes avaient le sang chaud...

Première preuve : les poils et les plumes

Les animaux à sang chaud doivent garder leur corps à une température élevée et constante. Pour y parvenir, ils possèdent des poils ou des plumes qui isolent leur corps du froid. Bien que ces tissus extrêmement fragiles se conservent très mal lors de la fossilisation, quelques théropodes ont été trouvés avec autour de leur squelette des filaments plumeux et, même pour certains, de vraies plumes. Comme la plupart de ces prédateurs ne pouvaient pas voler, les paléontologues supposent que ces plumes devaient leur servir à garder leur corps à une certaine température. Ils étaient donc certainement endothermes *(voir encadré)*. Attention toutefois : cela ne signifie pas que les dinosaures dépourvus de plumes n'étaient pas à sang chaud, mais d'autres preuves sont attendues...

Deuxième preuve : l'adaptation au froid

Dans des gisements situés au Mésozoïque* près des pôles Nord et Sud, de nombreux dinosaures, mammifères, oiseaux et ptérosaures ont été découverts. Ces trois derniers groupes d'animaux étaient ou devaient être à sang chaud. Aucun crocodile, tortue, ni lézard ou serpent n'ont été trouvés dans ces gisements. Le climat était-il trop rigoureux pour ces reptiles à sang froid ? La présence de dinosaures dans ces régions polaires tendrait à prouver qu'ils devaient être à sang chaud.

Le redoutable *Troodon* était bien adapté au climat froid.

Il y a quelques années, des paléontologues pensaient avoir découvert un cœur pétrifié de dinosaure qui ressemblait à un cœur d'endotherme. Selon d'autres scientifiques, ce cœur ne serait en fait qu'un caillou naturel dont la forme étonnante a pu tromper les chercheurs.

La girafe, avec son immense cou, a besoin d'un cœur particulièrement puissant et de suffisamment d'énergie pour que le sang atteigne sa tête. Selon certains paléontologues, les sauropodes* avaient obligatoirement les mêmes besoins en énergie, et devaient donc être endothermes.

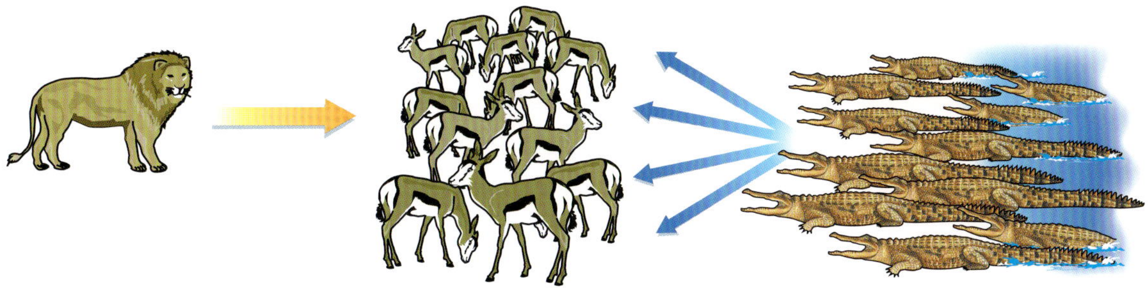

Proportionnellement, les animaux à sang chaud (lions et théropodes ici) ont besoin de plus manger que les reptiles (animaux à sang froid).

Troisième preuve : l'appétit

Aujourd'hui, un mammifère carnivore a besoin de manger dix fois plus de nourriture qu'un reptile carnivore de même taille. Il faut donc qu'il y ait assez de proies pour que les prédateurs ne meurent pas de faim. Par exemple, il y a dans la nature entre un et trois prédateurs à sang chaud pour cent proies et environ trente prédateurs à sang froid pour cent proies. Des paléontologues ont calculé qu'il y avait dans certains gisements fossiles trois à cinq théropodes pour une centaine de dinosaures herbivores. Ils en ont conclu que les théropodes avaient des besoins alimentaires similaires aux mammifères actuels, et donc qu'ils devaient être à sang chaud.

Quatrième preuve : les os

Les reptiles ectothermes grandissent lentement tout au long de leur vie, alors que les mammifères et les oiseaux, qui sont endothermes, ont une croissance rapide pendant les premières années puis gardent la même taille jusqu'à leur mort. Cette différence de croissance est liée à leur métabolisme* et se traduit par une structure osseuse différente. Des paléontologues ont eu l'idée de regarder de plus près les os des dinosaures et ont observé les deux types de structures. Ces découvertes ne permettent pas de trancher entre sang chaud et sang froid, mais suggèrent qu'ils avaient peut-être un métabolisme entre ectotherme et endotherme, ou encore qu'il était différent de celui des vertébrés* actuels.

ENDOTHERMES OU ECTOTHERMES ?

Il est possible de distinguer les animaux en fonction de leur chaleur corporelle. Ceux qui produisent leur propre chaleur et la maintiennent constante sont appelés endothermes ou animaux à sang chaud. Les espèces qui ne peuvent pas produire leur propre chaleur et qui ont une température corporelle proche de celle de leur environnement sont dit ectothermes ou animaux à sang froid. Aujourd'hui, la plupart des animaux sont ectothermes comme les poissons, les reptiles et les amphibiens. Seulement deux groupes sont endothermes : les mammifères (et donc les hommes) et les oiseaux.

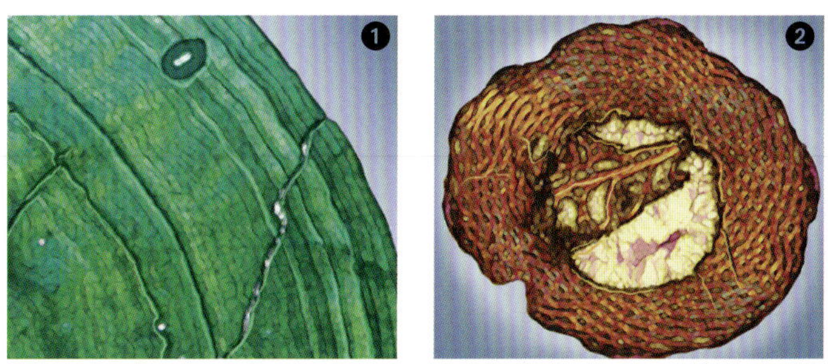

L'os de reptile ❶ (animal ectotherme) montre les lignes de croissance. L'os ❷ est remodelé et typique des endothermes.

Les grandes plaques osseuses qui recouvraient le dos des stégosauridés étaient peut-être des régulateurs thermiques qui captaient les rayons du soleil pour réchauffer leur corps... ou bien elles permettaient de refroidir les dinosaures lorsqu'ils se mettaient sous le vent.

Certains dinosaures d'Afrique, le théropode *Spinosaurus* et l'ornithopode *Ouranosaurus*, possédaient un grand voile de peau le long du dos tendu par les extrémités de leurs vertèbres. Ce dispositif serait un régulateur de température comme pouvaient l'être les plaques des stégosauridés...

Tout commence par un œuf...

Étudier le mode de reproduction et de croissance d'animaux disparus comme les dinosaures n'est pas une mince affaire. De nombreux indices fossilisés permettent malgré tout aux paléontologues de reconstituer certains aspects de la vie de ces reptiles, de l'œuf à l'âge adulte.

Bien au chaud au fond du nid

Tout comme les reptiles et les oiseaux, les théropodes sont ovipares, c'est-à-dire qu'ils pondent des œufs. De véritables "nids" ont été trouvés dans les couches géologiques de plusieurs continents, et le petit théropode *Oviraptor* a même été fossilisé pendant qu'il couvait ses œufs ! Les scientifiques pensent toutefois que tous les théropodes ne couvaient pas. Certains en effet devaient recouvrir leurs œufs de végétation qui produisait de la chaleur en fermentant et restaient autour du nid pour le garder. Dans ce monde cruel et dangereux, il n'était pas rare que les dinosaures soient dévorés dans l'œuf ou à la naissance. Les prédateurs pondaient donc des dizaines d'œufs afin que quelques-uns aient la chance d'atteindre l'âge adulte.

Œuf de sauropode*.

Étape 3 :
À 10 ans, l'enfant mesure 1,35 m et fait environ 40 kg alors que le tyrannosaure mesure déjà 6 m et pèse environ 500 kg. Contrairement à l'enfant, le tyrannosaure est indépendant depuis quelques années et il est déjà un redoutable prédateur craint par la plupart des autres espèces.

Étape 1 :
Pendant 9 mois, le fœtus humain va se développer dans le ventre de la mère ; l'œuf du tyrannosaure, de forme très allongée, mesure environ 48 cm de long et 12 cm de large. Il est enseveli sous un monticule d'herbes confectionné par ses parents afin de le garder à une température constante.

Étape 2 :
À la naissance, le bébé fait en moyenne 50 cm de long et pèse environ 3,5 kg ; le tyrannosaure mesure 45 cm pour un poids d'environ 2 kg. Tous deux ne sont pas capables de subvenir à leurs besoins et sont donc sous la constante attention de leurs parents.

Les plus petits œufs de théropodes ont été découverts en Thaïlande. Ils font 1,8 cm de long, ce qui correspond à la taille des œufs de mésange. Des restes de l'embryon ont même été trouvés dans certains de ces œufs.

Certains dinosaures vivaient en famille. Des empreintes de pas ont montré, par exemple, que les jeunes sauropodes se déplaçaient sous la protection des adultes. Dans certains gisements, ce sont des groupes entiers de dinosaures de tous âges qui ont été trouvés fossilisés ensemble.

Des parents attentifs

Alors que certains petits dinosaures étaient abandonnés par leur mère dès la naissance et devaient se débrouiller seuls pour survivre, d'autres étaient nourris et protégés par leurs parents pendant une partie de leur jeunesse, de quelques mois à quelques années. La découverte de fossiles de petits reptiles entourant celui d'un adulte atteste ce type de comportement. Quelques dinosaures, comme les hadrosaures *Maiasaura*, avaient des zones de pontes communes dans lesquelles ils élevaient et surtout protégeaient leurs petits jusqu'à ce qu'ils puissent se débrouiller seuls. Les théropodes, serpents, crocodiles, mammifères, adultes de leur propre espèce et parfois même leurs propres parents constituaient une menace bien réelle pour ces jeunes dinosaures...

Étape 4 :
20 ans : l'adulte mesure 1,75 m et pèse 70 kg, le tyrannosaure 10,50 m et 4 tonnes. Sa taille imposante en fait le plus terrible des prédateurs.

Étape 5 :
30 ans : l'adulte ne grandit plus alors que le tyrannosaure a atteint sa taille maximale qu'il gardera jusqu'à la mort : 12 m de long pour une masse comprise entre 5 et 6 tonnes !

Comment de grands dinosaures comme les sauropodes pondaient-ils des œufs sans qu'ils se cassent en tombant ? Pour quelques paléontologues, les femelles dinosaures possédaient une sorte de long tube de chair orienté vers le bas qui permettait aux œufs d'atterrir sur le sol sans se briser.

Dans le sud de la France, de très nombreux sites de ponte ne contenant que des restes de coquilles d'œufs ont été découverts. L'absence de restes osseux de dinosaures adultes semble indiquer qu'ils ne vivaient pas sur leurs sites de ponte et qu'ils ne les occupaient que temporairement.

Du plus petit au plus grand

Si le tyrannosaure est de loin le plus populaire des théropodes géants, il n'est pas le plus grand et ne représente nullement la taille moyenne des dinosaures carnivores. Pour certains animaux du Mésozoïque*, la menace pouvait aussi bien avoir la taille d'une maison que celle d'un pigeon !

❶ *Microraptor zhaoianus*

Famille : *Dromeosauridae*
Étymologie : petit voleur de Zhao Xijin (nom d'un paléontologue chinois)
Âge : Crétacé inférieur, 120 millions d'années
Lieu : Chine

C'est le plus petit théropode connu à ce jour. Avec ses 48 cm de long, ce prédateur ne devait se nourrir que d'insectes et de minuscules reptiles. La morphologie de ses pattes indique que *Microraptor* les utilisait pour s'accrocher aux branches d'arbres comme les oiseaux (*voir p. 52-53*).

❷ *Compsognathus*

Famille : *Compsognathidae*
Étymologie : jolie mâchoire
Âge : Jurassique supérieur, 140 millions d'années
Lieu : Allemagne, France

Ce petit théropode mesurait seulement 70 cm de long avec une queue qui faisait la moitié de sa longueur. Ce chasseur d'insectes possédait une étonnante caractéristique : il n'avait que deux doigts à chaque membre antérieur.

❸ *Tyrannosaurus rex*

Famille : *Tyrannosauridae*
Étymologie : roi des reptiles tyrans
Âge : Crétacé supérieur, 68 à 65 millions d'années
Lieu : Amérique du Nord

Avec ses 12 m de long et ses 7 tonnes, le "roi des reptiles tyrans" ne détient plus le record du plus gros prédateur terrestre. Il reste toutefois le théropode géant le mieux connu grâce aux nombreux squelettes trouvés en Amérique du Nord.

❹ *Carcharodontosaurus saharicus*

Famille : *Carcharodontosauridae*
Étymologie : reptile du Sahara à dents de requin
Âge : milieu du Crétacé, 100 millions d'années
Lieu : Afrique du Nord

Ce terrible carnivore (*voir p. 38*) a une taille maximale estimée à 14 m de long, une taille nécessaire pour faire face à un autre géant qui sévissait sur les mêmes terrains, le *Spinosaurus œgyptiacus*.

❺ *Giganotosaurus carolinii*

Famille : *Carcharodontosauridae*
Étymologie : reptile géant du Sud de Carolini (découvreur du dinosaure)
Âge : Crétacé supérieur, 90 millions d'années
Lieu : Argentine

13 m de long pour 6 tonnes : *Giganotosaurus* était le plus gros prédateur d'Amérique du Sud (*voir p. 38*). Les scientifiques pensent qu'il a pu être un cousin du *Carcharodontosaurus* d'Afrique.

Quand les paléontologues tamisent les sédiments pour rechercher des tout petits restes d'animaux, ils trouvent parfois des dents de théropodes de moins de 1 mm de long. Ils ne savent toutefois pas si ces dents appartenaient à des théropodes minuscules ou juste à de jeunes reptiles...

Même si le tyrannosaure a perdu sa place de plus gros dinosaure carnivore, il est toujours très convoité par les musées. Il y a quelques années, le tyrannosaure appelé "Sue" a été acheté par le musée de Chicago pour 6,6 millions d'euros !

❻ *Spinosaurus ægyptiacus*

Famille : *Spinosauridae*
Étymologie : reptile à épines d'Égypte
Âge : milieu du Crétacé, 100 millions d'années
Lieu : Afrique du Nord
Ce théropode particulier mesurait plus de 15 m de long. Il possédait un grand voile sur le dos qui pouvait atteindre 1,60 m de hauteur. Cet animal de taille démesurée était, d'après sa morphologie, un mangeur de poissons (*voir aussi p. 46*).

❼ *Deinocheirus mirificus*

Famille : *Ornithomimidae*
Étymologie : terrible main
Âge : Crétacé supérieur, 80 à 65 millions d'années
Lieu : Mongolie
Seuls les os des membres antérieurs de ce théropode ont été découverts. À partir de ses bras d'une longueur record de 2,40 m, la taille de l'animal a été estimée à près de 20 m de long ! Il semble que, d'après la morphologie des bras, *Deinocheirus* ait appartenu à un groupe particulier de théropodes, les ornithomimosaures.

Le crâne de *Carcharodontosaurus saharicus* pouvait mesurer à lui seul 1,60 m de long, alors qu'un crâne humain ne fait que 20 cm. En revanche, ce gros théropode avait un tout petit cerveau d'un volume d'environ 100 cm^3, minuscule comparé aux 1 500 cm^3 du cerveau humain !

Parmi les autres groupes de dinosaures, le plus grand est le sauropode* *Seismosaurus* d'Amérique du Nord pouvant atteindre 50 m de long ! Le plus petit est le cératopsien *Microceratops*, trouvé en Mongolie, faisant environ 76 cm de long.

Ce spécimen de *Coelophysis*, a été découvert à Ghost Ranch aux États-Unis. Dans son ventre, apparaît un petit *Coelophysis*, ce qui suggérait que ce théropode était cannibale.

Les premiers théropodes

Les théropodes figurent parmi les plus anciens dinosaures ayant existé. Apparus il y a environ 235 millions d'années, les dinosaures étaient relativement rares au Trias, ne comptant que quelques théropodes, prosauropodes et ornithischiens.

Coelophysis

Famille : *Podokesauridae*
Étymologie : forme creuse
Âge : Trias supérieur, 225 à 215 millions d'années
Lieu : Amérique du Nord (Nouveau Mexique, Arizona)
Avec une taille de 3 m et d'énormes griffes, ce redoutable théropode vivait probablement en meute. Pour preuve, les nombreuses empreintes qui ont été découvertes ainsi que les gisements ayant livré des dizaines de squelettes d'adultes et de petits.

D'après certains chercheurs, il semblerait que le développement des dinosaures, au début du Mésozoïque*, ait été favorisé par une météorite ! Celle-ci serait entrée en collision avec la Terre à la fin du Trias et aurait fait disparaître de nombreuses espèces, laissant place nette pour les dinosaures.

À quoi pouvait ressembler l'ancêtre des dinosaures ? Il semble que le petit reptile *Marasuchus* du Trias moyen d'Amérique du Sud possède des caractéristiques intermédiaires entre les dinosaures et les autres reptiles. Un chaînon manquant en quelque sorte...

Procompsognathus

Famille : *Procompsognathidae*
Étymologie : ancêtre de "jolie mâchoire" (*Compsognathus*)
Âge : Trias supérieur, 220 à 215 millions d'années
Lieu : Allemagne
Ce petit théropode est relativement mal connu. D'une taille d'environ 1,20 m de long, il possédait un museau fin et de nombreuses dents pointues. Il se nourrissait d'insectes et de petits vertébrés qu'il attrapait grâce à son long cou et à ses grandes jambes qui lui permettaient de se déplacer très rapidement.

Herrerasaurus

Famille : *Herrerasauridae*
Étymologie : reptile de Herrera (région en Argentine)
Âge : Trias supérieur, 231 à 225 millions d'années
Lieu : Argentine
Trois fois plus grand que son contemporain *Eoraptor*, *Herrerasaurus* comptait parmi les théropodes les plus impressionnants du Trias. Ses dents fines, tranchantes et à bordures denticulées* en faisaient un redoutable chasseur pouvant s'attaquer à la plupart des autres vertébrés existant à l'époque. Il devait être toutefois la proie de prédateurs plus imposants, comme le reptile *Saurosuchus*.

Eoraptor

Famille : pas de famille actuellement
Étymologie : voleur de l'aube
Âge : Trias supérieur, 231 à 225 millions d'années
Lieu : Argentine
Ce petit dinosaure d'environ 1 m de long est avec *Herrerasaurus* l'un des plus anciens théropodes. Bien que ses dents tranchantes étaient encore peu spécialisées pour un régime carnivore exclusif, ses griffes acérées et ses jambes taillées pour la course indiquent qu'*Eoraptor* était déjà un prédateur dangereux. Il pouvait varier son alimentation entre invertébrés*, vertébrés* de petite taille, et sans doute aussi quelques végétaux tendres.

Les plus anciens dinosaures connus à ce jour étaient bipèdes, de petite taille et ils proviennent tous de gisements d'Amérique du Sud, région qui fut probablement le "berceau" de tous les dinosaures. Ils ont ensuite évolué en différents groupes et se sont dispersés sur toute la Pangée.

Des restes de jeunes *Coelophysis* ont été trouvés à l'intérieur de la cage thoracique d'individus plus âgés de la même espèce. Cette découverte montre que, tout comme certains animaux actuels, ce théropode était cannibale et n'hésitait pas à dévorer les petits des autres *Coelophysis*.

Les terreurs du Jurassique

C'est au cours du Jurassique que plusieurs familles de théropodes ont donné naissance aux premières espèces de très grandes tailles. Ces extraordinaires prédateurs étaient armés pour chasser des proies de leur calibre : les gigantesques dinosaures herbivores.

Allosaurus

Famille : *Allosauridae*
Étymologie : reptile différent
Âge : Jurassique supérieur, 146 à 135 millions d'années
Lieu : Amérique du Nord
Exemples de proies : *Diplodocus*, *Camarasaurus*, *Stegosaurus*

Ce théropode, pouvant atteindre 12 m de long, avait un crâne très léger qui ne lui permettait pas de mordre avec autant de force que de nombreux autres prédateurs. Il possédait en revanche des dents fines et tranchantes, ainsi qu'un cou flexible, idéal pour attaquer ses proies à la manière des serpents, en s'aidant d'une rapide et violente flexion du cou.

Yangchuanosaurus

Famille : *Allosauridae*
Étymologie : reptile du Yuang-ch'uan
Âge : Jurassique supérieur, 150 à 137 millions d'années
Lieu : Chine
Exemples de proies : *Mamenchisaurus*, *Chungkingosaurus*

Ce gros prédateur, de 10 m de long environ, a été découvert en Chine, dans la province du Sichuan connue mondialement pour ses riches gisements à dinosaures. Son crâne massif était pourvu d'une bosse osseuse sur le museau, inexistante chez les autres allosauridés. Il avait un cou court et épais, ainsi que des dents tranchantes à bordures crénelées.

Poekilopleuron

Famille : *Megalosauridae*
Étymologie : reptile à "côté variable"
Âge : Jurassique moyen, 167 à 160 millions d'années
Lieu : France, Normandie
Exemples de proies : inconnues

Ce grand théropode de 10 m de long a été l'un des premiers théropodes découverts. Les restes trouvés au siècle dernier ont malheureusement été détruits lors de la Seconde Guerre mondiale. Il utilisait ses membres antérieurs, particulièrement grands et munis de griffes acérées, pour saisir et déchiqueter ses proies.

C'est en 1824 que fut décrit dans un ouvrage scientifique le premier théropode : *Megalosaurus*, un grand carnivore proche cousin de *Poekilopleuron*. Le fossile, ayant servi à définir ce genre, était un simple fragment de mâchoire découvert dans le Jurassique moyen d'Angleterre.

Un grand théropode a été découvert en Antarctique dans des couches géologiques datant du Jurassique inférieur. Il a été nommé *Cryolophosaurus*, "reptile du froid à crête", car il possédait une étonnante crête au-dessus des orbites.

Eustreptospondylus

Famille : *Megalosauridae*
Étymologie : reptile à “colonne vertébrale bien courbée”
Âge : Jurassique moyen, 160 à 154 millions d’années
Lieu : Grande-Bretagne
Exemples de proies : *Lexovisaurus, Cetiosaurus*
Tout comme *Allosaurus*, il avait un cou souple, lui permettant de rapides mouvements de tête pour chasser. Malheureusement, les paléontologues n’en connaissent qu’un spécimen dont les os indiquent qu’il n’avait pas atteint l’âge adulte. Sa taille est donc difficile à déterminer, mais on estime qu’il pouvait atteindre 7 à 9 m de long.

Ceratosaurus

Famille : *Ceratosauridae*
Étymologie : reptile à cornes
Âge : Jurassique supérieur, 146 à 135 millions d’années
Lieu : Amérique du Nord (Utah, Colorado)
Exemples de proies : *Stegosaurus, Camptosaurus*
Bien que plus petit que son contemporain *Allosaurus*, ce carnivore de 6 m de long devait être une redoutable menace pour les ornithopodes qu’il chassait. Il possédait quatre doigts terminés par des griffes, alors que la plupart des autres théropodes n’en avaient que trois. Il pouvait déformer sa mâchoire, comme le font les serpents actuels pour avaler d’énormes morceaux de chair. Son nom vient de la petite corne au bout de son museau.

Dilophosaurus

Famille : *Halticosauridae*
Étymologie : reptile à deux crêtes
Âge : Jurassique inférieur, 201 à 187 millions d’années
Lieu : Amérique du Nord (Arizona), Chine
Dilophosaurus est le plus ancien des grands théropodes. La particularité de ce carnivore de 6 m de long est la présence sur le crâne de crêtes osseuses parallèles s’étendant du museau à l’arrière du crâne. Le rôle de ces crêtes demeure encore un mystère, sans doute n’étaient-elles qu’une ornementation. Ce dinosaure possédait, en outre, une longue queue et quatre doigts aux membres antérieurs comme *Ceratosaurus*. Ses fines mâchoires, trop fragiles, laissent supposer qu’il était plus charognard que prédateur actif.

Pour s’attaquer aux énormes sauropodes*, les grands théropodes du Jurassique chassaient probablement en groupe. Les prédateurs devaient isoler un individu du troupeau, lui infliger de nombreuses blessures puis attendre qu’il s’effondre de faiblesse.

Dans la plupart des continents, plusieurs espèces de grands théropodes coexistaient. Se menaient-ils une guerre sans merci pour la domination du territoire ou chassaient-ils des proies différentes ? Les paléontologues se posent encore la question...

Des chasseurs patients

De nombreuses proies convoitées par les théropodes étaient rapides et pouvaient aisément distancer leur prédateur lors des poursuites. Certains dinosaures carnivores privilégiaient donc la chasse à l'affût, comme le font aujourd'hui les lions et autres félins, pour surprendre et saisir leurs victimes avant qu'elles n'aient le temps de prendre de la vitesse.

Les meilleurs endroits pour chasser

Un chasseur ne se poste pas n'importe où pour guetter une proie potentielle, mais à proximité de lieux fréquentés. Il devait en être de même pour les théropodes. Ceux-ci privilégiaient probablement deux types d'environnement : d'une part, la lisière des forêts qui attirait les herbivores en quête de végétation et d'ombre rafraîchissante et, d'autre part, les bordures des cours d'eau, véritables lieux stratégiques pour les animaux qui venaient régulièrement s'abreuver. Ces rivières pouvaient constituer également des barrières infranchissables qui ralentissaient ou bloquaient les proies lors des poursuites. Il ne restait plus alors au théropode qu'à sauter sur sa victime...

Attaque-éclair

Dissimulé dans l'épaisse végétation qui borde une clairière paît tranquillement un troupeau de *Rhabdodon*, des dinosaures herbivores d'environ 7 m de long et proches cousins des hypsilophodontidés. *Tarascosaurus*, un grand théropode de la famille des abelisauridés (*voir p. 58-59*), attend que l'un des ornithopodes s'approche de lui. Un jeune *Rhabdodon* s'éloigne du troupeau, attiré par la végétation qui semble plus tendre sous les arbres. À peine est-il arrivé à quelques dizaines de mètres de l'orée du bois, que le prédateur surgit et fond littéralement sur le malheureux ornithopode qui reste pétrifié. La proie n'a pas été très difficile à attraper car elle était jeune et sans expérience.

Pour les prédateurs, comme les tyrannosaures, qui ne pouvaient sans doute pas courir aussi vite et longtemps que les hadrosaures, chasser en meute leur permettait de développer des stratégies d'encerclement. Ils attrapaient ainsi leurs proies avec un minimum d'efforts physiques.

La plupart des restes fossiles de dinosaures dévorés par un théropode sont découverts dans des sédiments formés en bordure de cours d'eau. C'était en effet un lieu privilégié d'affût pour un prédateur, car de nombreux animaux venaient s'y abreuver avant d'être tués lors d'un moment d'inattention.

Les éléments pour s'aider

Pour faciliter leur approche, les théropodes s'aidaient de leur environnement pour être le plus indétectable possible. Ils contournaient leurs proies pour garder le vent en face et éviter qu'elles ne les sentent. Il est également probable que certains prédateurs, comme *Troodon*, chassaient à l'aube, au crépuscule ou même en pleine nuit, lorsqu'il y avait peu de lumière. Ils avaient pour cela des yeux adaptés à la vision nocturne et pouvaient surprendre leurs proies alors qu'elles étaient assoupies.

LA COULEUR, ARME DE CHASSE OU DE SÉDUCTION ?

Les paléontologues ignorent la ou les couleurs des dinosaures. Mais dans le cas des théropodes, il est possible que la plupart aient eu besoin de se camoufler dans la végétation avant de se jeter sur leurs victimes. Les chercheurs imaginent donc que les couleurs de certains dinosaures se confondaient avec leur environnement, à l'instar des prédateurs aujourd'hui, tel le lion dans les herbes de la savane. *A contrario*, il est aussi fort probable que les théropodes possédaient, tout comme les oiseaux, des couleurs très vives qui attiraient les femelles de leur espèce. Cette question ne sera sans doute jamais résolue...

Il est fort possible que les plus grands théropodes chassaient peu souvent. Ils se contentaient plutôt de faire fuir les prédateurs moins imposants qui venaient de mettre à mort un animal afin de l'accaparer. Ils repéraient les dinosaures fraîchement tués à l'odeur ou aux cris de la victime agonisante.

Les dinosaures herbivores possédaient, comme de nombreux herbivores actuels, les yeux orientés des deux côtés du crâne. Cette vision à 180° leur évitait de se laisser surprendre par un prédateur qui pouvait surgir de n'importe où.

La défense s'organise

Survivre aux gigantesques théropodes du Mésozoïque* n'était pas une mince affaire. Les divers groupes de dinosaures herbivores se sont donc adaptés pour faire face à ces machines à tuer en développant des défenses extrêmement efficaces.

La course au plus grand

La plupart du temps, il suffit pour effrayer un agresseur d'avoir une taille plus imposante que lui. Les sauropodes* ont appliqué ce principe en donnant naissance aux plus impressionnantes espèces d'animaux terrestres ayant existé sur Terre. Le fameux *Diplodocus*, avec ses 27 m de long, pouvait à lui seul faire hésiter le plus courageux des allosaures, mais il faisait figure de nain comparé à son cousin *Seismosaurus* de 35 à 50 m de long, ou encore au titanosauridé *Argentinosaurus* qui atteignait 40 m de long *(dessin du haut)*!

L'union fait la force

Dans la nature actuelle, lorsqu'un prédateur chasse, il s'attaque de préférence aux proies faciles, c'est-à-dire les animaux isolés, jeunes ou très âgés. Pour assurer la survie du groupe, la plupart des dinosaures herbivores vivaient en troupeau, comme l'attestent les nombreuses empreintes de sauropodes montrant qu'ils se déplaçaient ensemble (*voir p. 40-41*). Certaines stratégies étaient même développées pour assurer la survie du groupe : pour être protégés, les jeunes se déplaçaient au centre du troupeau. Quant aux vieux ou aux malades, ils n'avaient pas d'autres choix que celui de se sacrifier...

Les systèmes de défense des dinosaures herbivores n'ont finalement rien de très exceptionnel. On observe ces mêmes particularités chez les mammifères actuels : cornes des rhinocéros, épines des porcs-épics, armure des tatous, taille des éléphants, etc.

Les petits mammifères vivant à la même époque que les dinosaures ne possédaient pas de système de défense particulier. Ils ne sortaient que la nuit pour se nourrir et restaient cachés dans des terriers la journée.

Cette tête en "forme de dôme" permettait-elle au *Pachycephalosaurus* de charger ses ennemis ?

Ce *Styracosaurus* est non seulement protégé par des cornes mais aussi par une grande colerette à l'arrière de son crâne.

Des armes comme défense

Animal herbivore ne signifie pas animal inoffensif. Les dinosaures herbivores avaient eux aussi des armes de défense naturelles issues de leurs particularités anatomiques. Ainsi la longue et fine queue du *Diplodocus* avait la force et l'élasticité d'un fouet qui pouvait, en claquant, effrayer d'éventuels prédateurs. Les stégosaures et ankylosaures étaient, quant à eux, équipés de véritables masses d'armes pour décourager leurs agresseurs. Le bout de leur queue était en effet constitué soit d'énormes épines ou encore d'une lourde massue osseuse qu'ils maniaient avec dextérité grâce à une sorte de "second cerveau" situé au niveau du bassin. Certains autres dinosaures, les marginocéphales, utilisaient la tête pour charger leurs opposants, car celle-ci était soit équipée de cornes (cératopsiens), soit très renforcée par une épaisse couche osseuse (pachycéphalosaures).

Queue de *Kentrosaurus* en forme de fourche.

Queue de *Euoplocephalus*, véritable masse d'arme.

L'os comme armure

Pour les plus lents des dinosaures herbivores, il reste la défense passive qui consiste à avoir un corps bien protégé contre les coups de griffes ou les morsures. Le dos des ankylosaures et des sauropodes titanosauridés était recouvert d'épaisses plaques osseuses qui protégeaient cette partie du corps particulièrement exposée. Les grandes plaques dermiques* que possédaient les stégosauridés le long du dos avaient, pour certaines espèces, une fonction de protection, comme celles de *Kentrosaurus* dont le dos et les épaules étaient recouverts de longues épines. Les cératopsiens avaient le cou protégé par une sorte de grande colerette à l'arrière de leur crâne. Il était ainsi plus difficile aux prédateurs de les attaquer à la gorge.

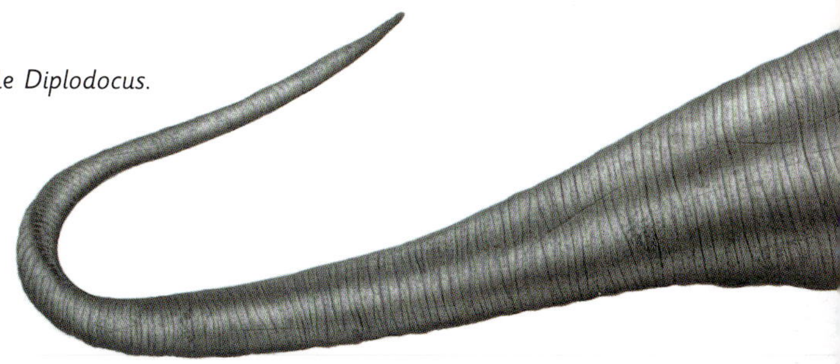

Queue de *Diplodocus*.

Le très lent *Hylaeosaurus* se plaque au sol et espère que les piquants de sa cuirasse décourageront le prédateur.

L'ornithopode *Iguanodon* possédait une curieuse arme de défense : son pouce. Celui-ci a la forme d'une grosse épine qu'il devait utiliser pour infliger de profondes et mortelles blessures à tout prédateur osant un peu trop s'approcher.

Les narines de certains hadrosaures, tel *Parasaurolophus*, se prolongeaient en une longue crête creuse sur la tête grâce à laquelle ils émettaient des sons puissants. Cet organe permettait d'alerter le reste du troupeau en cas d'approche d'un prédateur.

Les blessures et fractures observées sur les os des théropodes ne sont pas toutes le résultat de coups infligés par d'autres dinosaures. Il n'était pas rare en effet que lors de poursuites effrénées le théropode perde pied, s'effondre lourdement sur le sol et se blesse par la même occasion.

La survie d'un dinosaure herbivore face à un théropode en chasse n'était parfois qu'une histoire d'intimidation. Un cri puissant, un mouvement brusque en direction du prédateur ou encore une démonstration de force pouvait suffire à effrayer définitivement le chasseur.

Le chasseur chassé !

Pour un théropode, chasser n'était pas une activité sans risque, et il arrivait souvent que le "repas" convoité se défende. Les paléontologues ont pu observer que même les grands allosaures pouvaient être victimes de leurs propres proies !

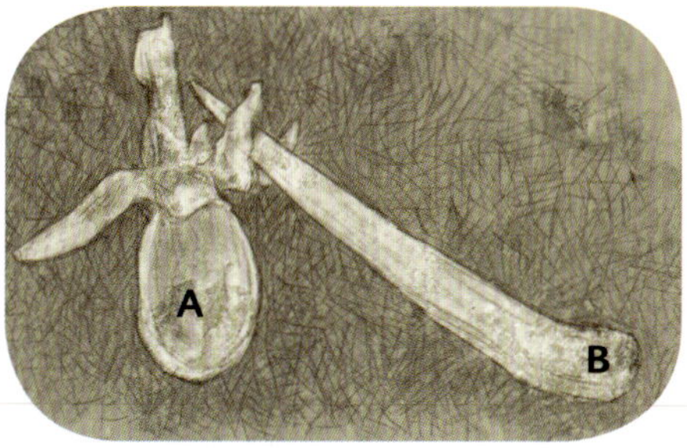

❶ Un trou qui en dit long

Cette vertèbre d'allosaure **A** a été percée par une épine **B** de la queue d'un stégosaure avec beaucoup de force pour pouvoir atteindre l'os et le transpercer ! Même si cette blessure ne lui a pas été fatale, il est fort probable qu'elle a été suffisamment douloureuse pour le faire renoncer à poursuivre sa proie.

Pour la petite histoire

En 1991, le squelette entier d'un dinosaure, datant de 145 millions d'années, est trouvé dans le Wyoming, aux États-Unis. En reconstituant l'allosaure, les scientifiques observent dix-neuf blessures et tentent d'imaginer ce qu'a pu être la vie de ce grand prédateur du Jurassique. C'est le point de départ d'un fabuleux documentaire de la BBC qui retrace les quinze années d'existence fort mouvementées de "Big Al", quinze années pendant lesquelles le théropode a subi un nombre impressionnant d'accidents et de blessures en tout genre.

←•

Malgré toutes les précautions que l'allosaure a prises pour éviter d'être dans l'axe de la queue de sa proie, il vient d'être frappé par le stégosaure qu'il convoitait. Ce dernier vient de lui asséner un puissant coup de sa queue terminée par de longues et massives épines osseuses. Si elle ne s'infecte pas, la blessure vaudra tout de même au théropode quelques jours de mouvements douloureux qui risquent d'affaiblir ses facultés de chasseur.

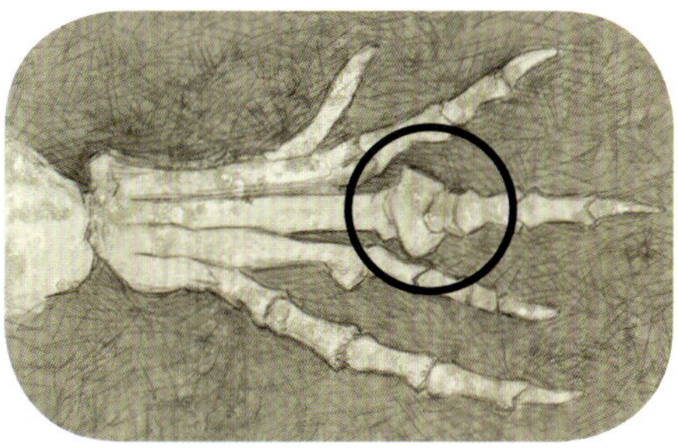

❷ Handicapé par un énorme abcès...

L'allosaure surnommé "Big Al" n'a pas eu de chance. À la suite de la fracture d'un os du pied (une phalange du doigt central) peut-être causée par un allosaure femelle, celui-ci n'a pas pu cicatriser correctement et la plaie s'est infectée. Une quantité de matière osseuse s'est fabriquée autour de l'os brisé, ce qui a certainement handicapé l'allosaure pour le reste de sa vie. Il n'a probablement plus pu chasser depuis cette blessure qui le faisait souffrir et boiter.

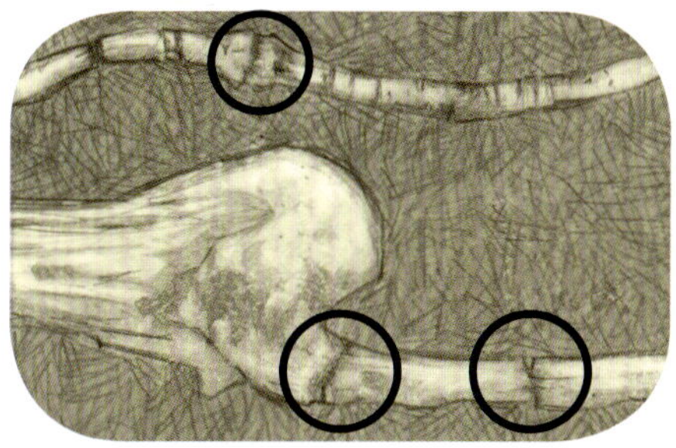

❸ ... et de nombreuses fractures

Le malheureux allosaure n'a pas souffert que du pied. Les paléontologues ont découvert qu'il avait subi d'autres fractures et blessures sur de nombreux os comme les vertèbres, les côtes ou encore les membres. L'endroit précis où l'os s'est brisé a été recouvert et épaissi par de l'os nouveau qui permet de solidifier le tout. Ces blessures profondes témoignent de la violence extrême des combats auxquels se livraient les dinosaures, l'un pour sa survie et l'autre pour son déjeuner !

Lorsqu'un théropode parvenait à abattre sa proie, son repas n'était pas encore assuré. Attirés par l'odeur du sang, d'autres carnivores surgissaient pour tenter de s'emparer de la chair fraîche. Dans ce genre d'affrontement, le plus imposant l'emportait souvent...

Dans la nature, lorsqu'un animal se remet de graves blessures, il perd souvent une partie de ses capacités de déplacement. Un prédateur blessé doit continuer à s'alimenter, donc à chasser. Si ses blessures cicatrisent mal, elles peuvent le handicaper à vie. Il en était de même pour les dinosaures.

Les carcharodontosauridés

Proches parents des allosauridés, les carcharodontosauridés étaient de gigantesques théropodes comprenant les espèces battant tous les records de taille. Ils étaient les prédateurs dominants durant la première moitié du Crétacé sur de nombreux continents.

Giganotosaurus

Étymologie : reptile géant du Sud
Âge : Crétacé supérieur, 91 à 88 millions d'années
Lieu : Argentine
Exemple de proies : *Argentinosaurus*

Alors que *Carcharodontosaurus* dominait les terres sahariennes, son proche cousin *Giganotosaurus* sévissait en Amérique du Sud. D'une taille tout aussi démesurée, environ 13 m, ce prédateur qui surpassait *Tyrannosaurus rex* avait pourtant un cerveau bien plus petit, comparable à la taille d'une banane ! Le premier squelette de *Giganotosaurus* a été découvert à proximité de celui d'un *Argentinosaurus*, un sauropode* de grande taille qui a sans doute constitué le dernier repas du théropode.

Carcharodontosaurus

Étymologie : reptile à dents de requin
Âge : milieu du Crétacé, 113 à 95 millions d'années
Lieu : Afrique du Nord
Exemples de proies : *Bahariasaurus*, *Paralititan*

Pouvant atteindre plus de 14 m de long avec un crâne faisant à lui seul 1,60 m, *Carcharodontosaurus* est l'un des plus gros prédateurs terrestres ayant existé *(voir aussi p. 26-27)*. Il vivait dans l'actuel Sahara dominé à l'époque par une végétation luxuriante. Il s'attaquait aux géants sauropodes, tels *Rebbachisaurus* ou *Paralititan*. Son curieux nom provient de la découverte de certaines de ses dents, ressemblant à celles du grand requin blanc *Carcharodon*.

Les carcharodontosauridés sont si proches des allosauridés que les paléontologues ne sont pas toujours d'accord pour classer certains théropodes dans l'une ou l'autre famille. C'est le cas de *Giganotosaurus*, *Acrocanthosaurus* et *Neovenator* qui sont classés parfois dans le groupe des allosauridés.

L'étonnante similitude entre les deux dinosaures *Carcharodontosaurus* et *Giganotosaurus* laisse penser qu'ils ne sont en réalité qu'un seul et même animal. Ce(s) théropode(s) aurai(en)t colonisé les deux continents, Afrique et Amérique du Sud, encore très proches l'un de l'autre au début du Crétacé.

Acrocanthosaurus

Étymologie : reptile à épines dorsales
Âge : milieu du Crétacé, 115 à 105 millions d'années
Lieu : Amérique du Nord
Exemples de proies : *Tenontosaurus*, sauropodes indéterminés
D'une longueur de 12 m, ce grand prédateur vivait environ 50 millions d'années avant le tyrannosaure. Il possédait des vertèbres originales qui se terminaient par de très longues épines verticales de 43 cm de la tête à la queue. Ces épines, recouvertes de peau ou de chair, formaient une petite crête le long du dos. Elles devaient permettre l'insertion de puissants muscles et tendons pour soutenir le corps du théropode.

Neovenator

Étymologie : nouveau chasseur
Âge : Crétacé inférieur, 114 à 108 millions d'années
Lieu : Angleterre
Exemple de proies : *Iguanodon*
De taille relativement plus modeste que les autres carcharodontosauridés avec 8 m de long, *Neovenator* était toutefois l'un des plus grands prédateurs de l'actuel sud de l'Angleterre. D'une constitution relativement gracile, il était agile, rapide et pouvait s'attaquer à l'ornithopode *Iguanodon*, très abondant dans ces régions.

Carcharodontosaurus est devenu célèbre depuis la découverte en 1994 d'un crâne complet de 1,60 m de long. Il était pourtant connu depuis le début du siècle dernier, mais les seuls fossiles, qui étaient entreposés à Munich, ont été détruits lors des bombardements de la Seconde Guerre mondiale.

Dans certains terrains d'Afrique du Nord du Crétacé supérieur, les dents isolées de dinosaures sont très abondantes. Celles appartenant à *Carcharodontosaurus* sont très faciles à identifier, car elles sont les seules à posséder des petites rides près du bord arrière.

Mortelle poursuite au Texas

Les couches géologiques livrent parfois aux paléontologues les indices de drames ayant eu lieu plusieurs millions d'années auparavant sous forme d'empreintes. Ce sont de véritables "instantanés" de scènes de chasses comme celle qui a eu lieu au Texas il y a environ 110 millions d'années.

Les protagonistes

La scène se déroule durant le Crétacé inférieur, sur le rivage d'une ancienne mer qui recouvrait une partie du Texas. Un troupeau d'une douzaine de sauropodes* de grande taille (brontosaures ou brachiosauridés) se déplacent à vive allure dans la même direction, poursuivis par trois gigantesques théropodes pouvant être des carcharodontosauridés affamés.

Les empreintes

Les sauropodes étaient des dinosaures quadrupèdes* aux pattes massives ressemblant un peu à celles des éléphants. Les empreintes qu'ils laissaient étaient de véritables trous atteignant plusieurs dizaines de centimètres de profondeur en fonction de la nature du sol (boue, sol sec, sable) sur lequel ils marchaient. Il est possible de distinguer les pattes avant, plus petites et en croissant de lune, des pattes arrière très arrondies.
Les théropodes sont bipèdes* et très souvent tridactyles (pieds à trois doigts). Leurs empreintes montrent trois extrémités et ressemblent aux traces des oiseaux. Plus légers en moyenne que les sauropodes, les théropodes laissent des empreintes moins profondes dans le sédiment. Si celles-ci sont bien conservées, on distingue les griffes acérées et parfois l'impression de la peau du pied.

Une attaque controversée

L'interprétation de ces pistes ne met pas les paléontologues d'accord. Certains y voient une poursuite ❶ durant laquelle les théropodes terrorisent la meute de sauropodes en les talonnant de près, alors que d'autres pensent que les empreintes se sont déposées en deux étapes ❷ : les sauropodes sont passés dans un premier temps, puis quelques minutes ou heures plus tard les théropodes. Toujours est-il que la similitude entre la trajectoire des sauropodes et celle des théropodes n'est pas le fruit du hasard.

COMMENT SE FORME UNE EMPREINTE FOSSILE ?

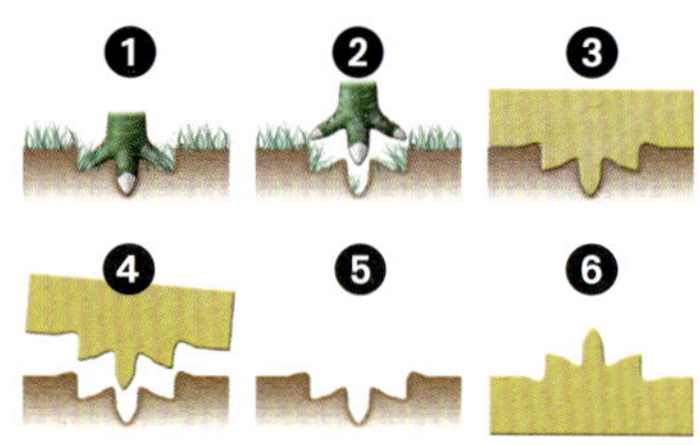

Les traces de pas d'animaux ne peuvent fossiliser que sous certaines conditions : l'animal doit marcher dans du sol meuble (1) au bord de l'eau. L'eau recouvre par la suite délicatement l'empreinte (2) et dépose une fine couche de sédiments (3). Ceux-ci se transforment lentement en roche, dont la partie supérieure disparaîtra sous l'effet de l'érosion (4). L'empreinte est ainsi conservée, puis fossilisée en forme concave (5) ou convexe (6).

Grâce à la paléo-ichnologie, l'étude des empreintes fossiles, il est possible de mieux comprendre le type de déplacement de nombreux reptiles. Des chercheurs ont montré, par exemple, que les ptérosaures se déplaçaient au sol sur quatre pattes, et non sur deux comme les oiseaux.

L'étude des empreintes a permis de savoir que les dinosaures se déplaçaient comme les mammifères (aucun contact entre le corps et le sol) et non comme les autres reptiles qui, en rampant, laissent traîner leur ventre et leur queue au sol.

En mesurant divers paramètres comme la taille des empreintes, la distance entre deux pattes, ou encore entre les pattes antérieures et postérieures, il est possible de retrouver la taille du dinosaure et la vitesse à laquelle il se déplaçait.

Même s'il est difficile de savoir à quel dinosaure appartiennent des empreintes trouvées dans la roche, il est possible de connaître quel grand groupe de dinosaures les a produites, car chacun d'entre eux a une morphologie et un mode de locomotion (bipède ou quadrupède) bien particulier.

Les tyrannosauridés

Sur les terres d'Amérique du Nord et d'Asie sévissaient les plus grands et les plus terrifiants prédateurs du Crétacé : les tyrannosauridés. Des proportions impressionnantes et de puissantes mâchoires de carnassier ont fait de ces théropodes les pires chasseurs de tous les temps !

Tarbosaurus

Étymologie : reptile angoissant
Âge : Crétacé supérieur, 83 à 65 millions d'années
Lieu : Mongolie, Chine
Exemples de proies : *Saurolophus, Prenocephale, Nemegtosaurus*
Avec ses 12 m de long, ce prédateur était l'un des plus gros théropodes d'Asie. Proche cousin de *Tyrannosaurus*, il avait lui aussi des membres antérieurs très réduits, avec deux doigts à chaque main ; mais son crâne, plus grand et plus léger, se distinguait de celui de son célèbre parent américain. *Tarbosaurus* ressemble tellement à *Tyrannosaurus* que certains paléontologues pensent que ces deux théropodes appartiennent au même genre.

Daspletosaurus

Étymologie : terrifiant reptile mangeur de chair
Âge : Crétacé supérieur, 83 à 72 millions d'années
Lieu : Amérique du Nord
Exemples de proies : *Styracosaurus, Monoclonius*
Même si, avec ses 9 m de long, il était plus petit mais tout aussi puissant que son parent *Tyrannosaurus*, c'est lui qui possédait les plus grosses dents de tous les tyrannosauridés. Pour éviter de se trouver en compétition avec son contemporain, le tyrannosauridé *Albertosaurus*, les deux prédateurs ne chassaient pas les mêmes proies : peut-être *Daspletosaurus* préférait les cératopsiens, et *Albertosaurus* les hadrosaures.

Dilong

Étymologie : dragon empereur
Âge : Crétacé inférieur, environ 130 millions d'années
Lieu : Chine
Exemples de proies : petits vertébrés*
Découvert en 2004, ce petit prédateur de 1,50 m de long avait une partie du corps recouverte de protoplumes, c'est-à-dire de grands filaments duveteux qui devaient lui tenir chaud. Il vivait entouré de théropodes, pourvus eux aussi de plumes qui appartenaient à diverses familles, tels les droméosauridés (*voir p. 48-49*) et les thérizinosauridés (*voir p. 56-57*). Son autre singularité était de posséder des membres antérieurs longs et des mains à trois doigts contrairement aux autres tyrannosauridés.

Le tyrannosauridé chinois du genre *Dilong* a été nommé *Dilong paradoxus* car sa petite taille et le fait qu'il soit recouvert de plumes sont vraiment paradoxaux, c'est-à-dire très étrange, pour un membre de la terrifiante famille des tyrannosauridés !

Depuis la découverte du tyrannosauridé ancestral à plumes (*Dilong*), les paléontologues imaginent que les tyrannosaures plus récents ont aussi possédé des plumes lorsqu'ils étaient tout jeunes, puis les auraient perdues en atteignant l'âge adulte.

Guanlong

Étymologie : dragon couronné
Âge : Jurassique supérieur, 161 à 156 millions d'années
Lieu : Chine
Exemple de proies : *Eugongbusaurus*

Deux squelettes presque complets de ce prédateur d'environ 3 m de long ont été décrits par des paléontologues américains en 2006. Il possédait au sommet de son crâne une énorme crête osseuse qui servait de signe de reconnaissance pour les autres membres de son espèce. Ce théropode est aujourd'hui le plus ancien membre connu des tyrannosauridés.

Albertosaurus

Étymologie : reptile de l'Alberta (Canada)
Âge : Crétacé supérieur, 83 à 70 millions d'années
Lieu : Amérique du Nord
Exemples de proies : *Corythosaurus, Hypacrosaurus*

Quelques millions d'années avant *Tyrannosaurus rex*, apparaissait *Albertosaurus*, un théropode de 8 m de long. Son crâne est très semblable à celui du tyrannosaure, mais ses jambes plus fines et plus longues lui permettaient d'atteindre des vitesses d'environ 40 km/h. De plus, ses dents tranchantes et incurvées vers l'arrière indiquent qu'il était un chasseur redoutable.

Gorgosaurus

Étymologie : reptile-dragon
Âge : Crétacé supérieur, 75 millions d'années
Lieu : Amérique du Nord
Exemples de proies : *Kritosaurus, Pentaceratops*

Grâce à la découverte de plus de vingt squelettes, ce dinosaure, de 8 m de long, est parfaitement connu par les paléontologues. Proche parent d'*Albertosaurus*, il se distingue par les petites cornes qu'il possédait au-dessus des yeux. Il était aussi de constitution plus légère faisant de lui un chasseur efficace. *Gorgosaurus* vivait et chassait en groupe : avec ses congénères, ils constituaient de terrifiants adversaires pour les hadrosaures (dinosaures à bec de canard) et les cératopsiens qui croisaient leur chemin.

Siamotyrannus

Étymologie : le tyran du Siam (ancien nom de la Thaïlande)
Âge : Crétacé inférieur, environ 130 millions d'années
Lieu : Thaïlande
Exemple de proies : *Puwiangosaurus*

De même que le *Dilong* de Chine, *Siamotyrannus* était un ancêtre des tyrannosauridés de la fin du Crétacé (*Tarbosaurus, Tyrannosaurus*). Ce théropode d'environ 6,50 m n'est actuellement connu que par son bassin, quelques vertèbres de la queue et de nombreuses dents isolées très robustes et aux bordures tranchantes.

Pendant longtemps, les paléontologues considéraient que les tyrannosaures descendaient des théropodes du Jurassique, tels *Allosaurus* ou *Acrocanthosaurus*. Les nouvelles techniques d'analyse montrent qu'ils étaient plus proches des droméosauridés, des ornithomimosaures et même du petit *Compsognathus* !

Les membres antérieurs des tyrannosauridés se sont peu à peu réduits et le nombre de doigts à la main est passé de trois à deux. Ils devaient se servir exclusivement de leur gueule pour agripper leurs proies au détriment de leurs mains.

Tyrannosaurus rex : prédateur ou charognard ?

La star des dinosaures, maintes fois rendue célèbre par la littérature et le cinéma, est un sujet d'études passionnant. Les curieuses spécialisations anatomiques liées à son mode de vie divisent les paléontologues. Était-il un prédateur actif ou un charognard ?

Bâti pour vaincre

Avec ses 12 m de long, ses 7 tonnes et une gueule pouvant avaler en une bouchée plus de 70 kg de viande, le *Tyrannosaurus rex* n'avait pas d'égal sur son territoire de chasse. Il possédait un crâne très robuste avec de nombreuses dents de 18 cm de long en forme de poignard, bien plus épaisses que celles de la plupart des autres théropodes (*voir p. 20-21*). Ses membres antérieurs étaient extrêmement réduits et ses doigts ne pouvaient atteindre sa gueule. Pour certains chercheurs, de telles caractéristiques indiquent qu'il ne chassait pas et qu'il se nourrissait, au contraire, de carcasses d'animaux qu'il croquait en brisant les os avec ses puissantes mâchoires. Quelques paléontologues pensent aussi qu'il était trop gros et trop lourd pour courir vite, alors que d'autres estiment qu'avec ses vigoureux membres postérieurs, il pouvait se déplacer à 47 km/h !

Herbivores au menu

Les hadrosaures, comme *Trachodon* ou *Edmontosaurus*, et les cératopsiens, tel *Triceratops*, constituaient l'essentiel de l'alimentation de *T. rex* (abréviation américaine pour *Tyrannosaurus rex*). Les scientifiques ont observé de nombreuses traces de morsures sur les os de ces herbivores ainsi que des petits fragments osseux de ces mêmes dinosaures dans des coprolithes (crottes fossilisées) de tyrannosaure. Un squelette d'hadrosaure montre même des blessures infligées par ce théropode, qui ont cicatrisé par la suite, indiquant clairement que *T. rex* s'attaquait à des dinosaures vivants. Alors le "roi des reptiles tyrans" était-il prédateur, à l'instar du lion ou charognard comme la hyène ? On répondra simplement que, de nos jours, de nombreux prédateurs ne rechignent pas à dévorer une charogne quand l'occasion se présente...

DES SENS QUI NE TROMPENT PAS

Pour être efficace, un bon prédateur doit posséder une ouïe fine, un odorat bien développé et une vue perçante.
Ces qualités se traduisent par un extrême développement des zones du cerveau correspondant à ces organes sensitifs.
En étudiant la cavité cérébrale des crânes de tyrannosaure, les paléontologues se sont aperçus que leur cerveau possédait des zones sensorielles* très développées caractéristiques d'un prédateur et non d'un charognard.

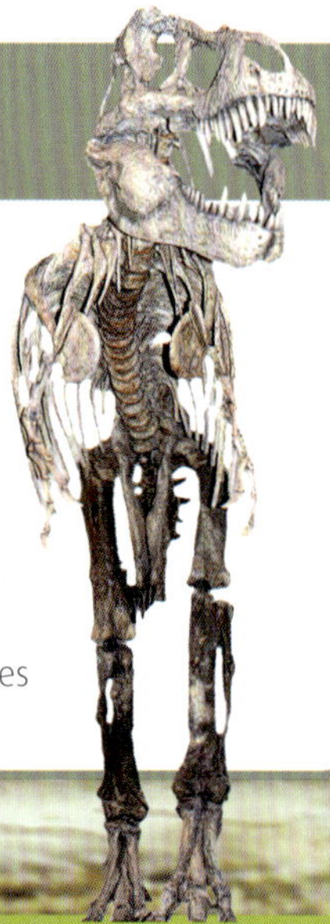

Tyrannosaurus rex était supposé avoir des bras frêles et inutiles. Pourtant, des études ont montré qu'ils pouvaient allègrement soulever jusqu'à 180 kg !

Les paléontologues pensaient que _T. rex_ était un animal solitaire. La découverte de plusieurs squelettes complets les uns à côté des autres et dans plusieurs gisements prouvent le contraire. Il est difficilement concevable que plusieurs dinosaures solitaires soient morts au même endroit.

Un prédateur prudent

En comparant la fréquence des morsures de tyrannosaure observées sur les différents dinosaures herbivores, les paléontologues ont remarqué que les hadrosaures constituaient des proies de choix, alors que les cératopsiens présentent moins de traces de morsures et les ankylosaures pratiquement pas. Le tyrannosaure hésitait donc à s'attaquer aux animaux protégés par d'épaisses carapaces osseuses ou armés pour se défendre. S'il était charognard, il aurait dévoré n'importe quel animal mort car celui-ci ne représentait aucun danger. Ces indices semblent montrer par conséquent qu'il était un prédateur privilégiant les proies faciles.

Des pistes de *Tyrannosaurus rex*, découvertes et étudiées par les paléontologues, indiquent qu'avec des pieds de 75 cm de longueur et de 35 cm de largeur, le "roi des reptiles tyrans" avait des enjambées qui pouvaient atteindre les 3,75 m !

Le plus gros coprolithe (matière fécale fossilisée) de dinosaure carnivore, trouvé au Canada, fait 44 cm de long et pèse près de 7 kg. D'après sa taille et son âge, il ne peut s'agir que d'un coprolithe de tyrannosaure.

Spinosauridés : les énigmatiques mangeurs de poissons

Les grands prédateurs du Mésozoïque* comptaient un groupe particulier de théropodes au museau très allongé et garni de nombreuses dents coniques comme celui des crocodiles. Leur activité principale était la pêche, domaine dans lequel ils devaient exceller.

Spinosaurus

Étymologie : reptile à épines
Âge : milieu du Crétacé, 96 à 91 millions d'années
Lieu : Afrique du Nord

Avec ses 15 m de long, *Spinosaurus* était le théropode le plus imposant de son groupe et l'un des plus grands théropodes ayant existé (*voir aussi p. 27*). Ce prédateur africain possédait des vertèbres à immenses épines neurales* atteignant 1 m de haut qui devaient tendre un voile de peau l'aidant à réguler sa température corporelle. Ses longs membres antérieurs pourvus de griffes l'aidaient à harponner le poisson qui constituait sa principale source d'aliments.

Baryonyx

Étymologie : lourde griffe
Âge : Crétacé inférieur, 115 millions d'années
Lieu : Angleterre

Plus petit que son cousin africain *Spinosaurus*, *Baryonyx* ne faisait que 9 m de long. Il était particulièrement bien équipé pour la pêche grâce à son museau très effilé, ses longues griffes recourbées et acérées, ainsi que ses narines situées en arrière du museau qui lui permettaient de respirer avec une partie de la tête sous l'eau. Dans sa cage thoracique ont été trouvées des écailles de poissons en partie digérées par l'animal, attestant son régime piscivore.

Des dents de *Baryonyx* ont été trouvées en Espagne, ainsi que des empreintes de pas de théropode montrant les traces d'une sorte de palmure entre les doigts. Si ces empreintes se révèlent être celles de *Baryonyx*, cela indiquerait que des dinosaures ne seraient pas exclusivement terrestres.

Le spinosauridé *Irritator* a reçu comme nom d'espèce *challengeri* en référence au roman de Conan Doyle, *Le Monde perdu*, paru en 1912, dans lequel le professeur Challenger partait à la recherche de dinosaures vivant dans la forêt amazonienne.

Siamosaurus

Étymologie : reptile du Siam (ancien nom de la Thaïlande)
Âge : Crétacé inférieur, 110 millions d'années
Lieu : Thaïlande

Jusqu'à très récemment, seules des dents coniques isolées de ce théropode étaient connues. Son statut même de spinosauridé était contesté. Depuis, des vertèbres terminées par de grandes épines neurales ont été découvertes et montrent que *Siamosaurus* était bien un spinosauridé. Il était plus petit que *Spinosaurus*, atteignant tout juste les 6 m de long.

Irritator

Étymologie : celui qui énerve
Âge : Crétacé inférieur, 110 millions d'années
Lieu : Brésil

L'histoire de la découverte de ce spinosauridé de 7 à 8 m de long a été quelque peu "irritante", d'où le nom du dinosaure. En effet, le crâne qui avait été acheté à un marchand de fossiles était complété par du plâtre et des éléments d'autres dinosaures. Il possédait sur le crâne une petite crête qui le distingue des autres spinosauridés.

Cristatusaurus

Étymologie : reptile à crête
Âge : Crétacé inférieur, 108 à 96 millions d'années
Lieu : Niger

Ce théropode d'environ 10 m de long avait été décrit en 1999 par une équipe française sur la base de quelques restes du crâne. Plus récemment, un squelette complet, découvert dans les mêmes gisements, a été baptisé à tort *Suchomimus* (qui ressemble à un crocodile) par des chercheurs américains. Il s'agit en réalité du même animal... Toutefois, sa grande ressemblance avec *Baryonyx* pousse certains paléontologues à penser qu'il devrait être baptisé comme son homologue anglais.

Les spinosauridés mangeaient-ils exclusivement du poisson ? La découverte d'une dent d'*Irritator* plantée dans une vertèbre de ptérosaure montre que ces théropodes pouvaient aussi être opportunistes* comme le sont tous les animaux carnivores.

Il est normalement possible d'identifier une dent de théropode grâce à sa forme comprimée et aux denticules* présents le long des bordures. Pour les spinosauridés, c'est plus difficile car leurs dents sont coniques, sans denticules et ressemblent aux dents de crocodiles.

Droméosauridés : quand l'attaque vient d'en bas

Présentés dans les films Jurassic Park comme étant encore plus dangereux que le *T. rex*, ces petits théropodes du Crétacé semaient la terreur sur pratiquement tous les continents. Agiles, rapides et armés pour la chasse, ils utilisaient leur énorme griffe du pied pour saigner leurs victimes avant de les dévorer.

Bambiraptor

Étymologie : Bambi le voleur
Âge : Crétacé supérieur, 70 millions d'années
Lieu : Amérique du Nord (Montana)
Exemples de proies : petits vertébrés*, insectes
Ce prédateur de 90 cm de long est l'un des plus petits théropodes ayant existé. Son squelette très léger et ses longues jambes indiquent qu'il devait être un champion de la course. Sa taille suggère qu'il s'attaquait à des lézards, serpents, grenouilles, ou des dinosaures sortis de l'œuf. Les paléontologues pensent qu'il devait avoir le corps couvert de plumes.

Velociraptor

Étymologie : voleur rapide
Âge : Crétacé supérieur, 80 à 70 millions d'années
Lieu : Mongolie, Chine
Exemple de proies : *Protoceratops*
Avec une demi-douzaine de squelettes presque complets trouvés à ce jour, ce petit théropode d'environ 1,80 m de long est bien connu des paléontologues. Il possédait de très fines dents tranchantes incurvées vers l'arrière pour retenir les proies qu'il mordait.

Microraptor

Étymologie : petit voleur
Âge : Crétacé inférieur, 115 millions d'années
Lieu : Chine
Exemples de proies : petits vertébrés, insectes
Ce minuscule droméosaure de 70 cm de long, tout couvert de plumes, devait plus ressembler à un oiseau qu'à un dinosaure (*voir p. 26 et p.52-53*). En effet, ses petites griffes recourbées lui permettaient de s'accrocher aux branches des arbres sur lesquelles il s'adonnait à la chasse aux insectes. Il ne devait toutefois pas dédaigner les reptiles ou les amphibiens quand l'occasion se présentait.

Jusque dans les années 1990, les droméosauridés n'étaient connus qu'en Laurasia, laissant penser qu'ils étaient apparus après la formation des deux supercontinents séparés par la mer Téthys. Depuis, on en a découvert en Afrique et en Amérique du Sud, suggérant qu'ils sont apparus bien avant.

Les *Velociraptor* qui font la vedette des films *Jurassic Park* sont en réalité des *Deinonychus*. Pour des raisons purement cinématographiques,les réalisateurs ont préféré associer le nom des petits droméosaures asiatiques avec le corps des grands *Deinonychus*, plus effrayants.

Variraptor

Étymologie : voleur du Var
Âge : Crétacé supérieur, 75 à 70 millions d'années
Lieu : France
Exemple de proies : *Rhabdodon*
Ce théropode, de près de 3 m de long, vivait au milieu des ornithopodes *Rhabdodon* qu'il chassait sans doute en meute. Comme pour tous les droméosauridés, la griffe de son deuxième doigt de pied, en forme de faucille tranchante et rétractile, lui servait à infliger de mortelles blessures à ses proies.

Sinornithosaurus

Étymologie : reptile-oiseau de Chine
Âge : Crétacé inférieur, 125 millions d'années
Lieu : Chine
Exemples de proies : petits vertébrés, insectes
Ce petit théropode d'à peine 1 m de long et ne pesant guère plus de 9 kg était recouvert de longs filaments duveteux considérés par les paléontologues comme les ancêtres de la plume. Ce duvet devait l'aider à garder son corps à une température constante et élevée comme celui des oiseaux.

Deinonychus

Étymologie : terrible griffe
Âge : Crétacé inférieur, 114 à 96 millions d'années
Lieu : Amérique du Nord
Exemple de proies : *Tenontosaurus*
Du haut de ses 2 m pour une longueur de 3 m, c'est l'un des plus imposants droméosaures de son groupe. Avec la deuxième griffe de son pied, grande et affûtée, il éventrait ses proies parfois plus grosses que lui après s'être jeté dessus toutes griffes en avant. De nombreuses dents isolées découvertes parmi des squelettes de *Tenontosaurus* suggèrent qu'il chassait en meute ce grand iguanodontidé (*voir p. 50-51*).

Dromaeosaurus

Étymologie : reptile coureur
Âge : Crétacé supérieur, 80 millions d'années
Lieu : Amérique du Nord
Exemples de proies : *Lambeosaurus*, *Corythosaurus*
Dromaeosaurus, le premier droméosauridé découvert en 1914, a donné son nom à cette famille de théropodes. D'une longueur de 1,80 m, il possédait des mâchoires longues et robustes pour sa taille et garnies de nombreuses dents tranchantes. Même si sa griffe du pied était petite par rapport à celle de ses congénères, elle n'en était pas moins extrêmement dangereuse.

Buitreraptor

Étymologie : voleur de La Buitrera
Âge : Milieu du Crétacé, 90 millions d'années
Lieu : Argentine (Patagonie)
Exemples de proies : petits vertébrés, insectes
Ce petit droméosaure d'environ 1,30 m de long a été découvert en octobre 2005. Sa principale originalité est son museau très fin et garni de minuscules dents sans denticules* sur les bordures et très espacées. Il possédait aussi de longs bras particulièrement robustes lui permettant de saisir ses proies avec une force incroyable.

Les droméosaures devaient constituer un groupe riche et diversifié, car de nombreuses espèces ont déjà été découvertes alors que leurs petits os creux et fragiles se conservent généralement fort mal lors de la fossilisation.

Selon plusieurs études, les droméosaures seraient les plus proches parents des oiseaux. Au premier abord, il aurait été facile de prendre certains d'entre eux pour de véritables volatiles !

La meute est lâchée

Seul face à ses agresseurs, *Tenontosaurus*, terrifié, ne sait plus que faire. Les droméosaures l'encerclent, se jettent sur ses flancs tour à tour et, d'un violent mouvement de jambe, ils lui infligent une profonde blessure au ventre. Rapidement épuisé et perdant beaucoup de sang, l'iguanodontidé finit par succomber. Le festin des petits théropodes peut alors commencer.

Quand le nombre compense la taille

Seul face à un grand dinosaure herbivore, un droméosauridé n'avait aucune chance d'en faire son repas. Il préférait d'ailleurs s'attaquer à des proies plus menues qu'il réussissait à prendre de vitesse. Mais quand ses proies favorites venaient à manquer, il se joignait à ses congénères. Ils attaquaient donc en meute un dinosaure plus imposant qu'ils se partageaient par la suite... si les grands théropodes qui rôdaient leur en laissaient le temps !

Une stratégie dictée par les griffes

Les griffes des droméosauridés, qui ne sont pas toutes identiques, ont des fonctions bien distinctes. Grâce à leurs longs membres antérieurs aux griffes acérées, ces dinosaures sautaient d'un bond sur leur victime, et s'y agrippaient. Ils utilisaient ensuite leurs membres postérieurs pourvus tous deux d'une griffe fort développée, arrondie et coupante, pour lacérer le corps de la proie, puis se laissaient retomber au sol en gardant les griffes bien plantées dans la chair pour élargir les blessures.

Un environnement propice à l'embuscade

La taille "réduite" des droméosauridés leur permettait de vivre dans les forêts qui les protégeaient non seulement des plus gros prédateurs, mais qui fourmillaient également de petites proies. Lorsqu'un énorme herbivore s'aventurait dans un bois, il perdait de sa mobilité et était facilement à la merci des agiles théropodes. Il n'est pas non plus exclu que les droméosaures rabattaient l'animal qu'ils convoitaient au cœur de la forêt pour l'attaquer ensuite.

Une meute de *Velociraptor* attaque un *Protoceratops*, vieux et malade, qui ne mettra pas longtemps à succomber aux coups de griffes et de dents des redoutables carnassiers.

En étudiant *Deinonychus*, le paléontologue américain Ostrom a remis en cause l'idée que tous les dinosaures étaient de lents et pataudes reptiles à sang froid. L'anatomie de celui-ci suggérait au contraire qu'il était un prédateur actif et agile utilisant tout son potentiel pour chasser.

Les droméosaures sont considérés comme des dinosaures fort intelligents car ils possédaient un cerveau très grand par rapport à la taille de leur corps. C'est pourquoi certains paléontologues les croient capables de chasser de manière organisée.

Les plus anciens restes de droméosauridés trouvés seraient des dents isolées provenant du Jurassique supérieur du Portugal. Cette découverte laisse supposer que ce groupe de théropodes est apparu en Europe avant de se disperser sur les différents continents.

Un étonnant fossile de *Velociraptor* enlaçant un *Protoceratops* a été découvert en Mongolie. Il semble que les deux dinosaures soient morts et rapidement ensevelis au cours d'une tempête alors qu'ils s'adonnaient à une lutte sans merci.

Voler pour mieux chasser

En 2003, une équipe de paléontologues chinois découvrent plusieurs squelettes d'un petit droméosauridé possédant de nombreuses plumes et des membres lui permettant de voler. Les oiseaux et les ptérosaures n'étaient donc pas les seuls vertébrés* à s'élancer dans les cieux du Crétacé !

Microraptor gui

Du même nom de genre que son cousin droméosaure (*voir p. 48-49*), *Microraptor gui* vivait dans le nord-est de la Chine au début du Crétacé, il y a 120 millions d'années. Le plus étonnant concernant ce minuscule théropode de 80 cm de long est la présence sur ses membres de plumes particulières, les "rémiges" (du latin *remex*, "rameur") qui lui permettaient de voler. Avec ses quatre ailes et sa longue queue elle aussi recouverte de longues plumes dites "rectrices" (du latin *rectrix*, "directrice"), il pouvait sauter et planer d'arbre en arbre à la manière des écureuils volants qui utilisent une grande membrane de peau tendue entre les membres.

MICRORAPTOR ET LES OISEAUX

De nombreux squelettes d'oiseaux fossiles ont été extraits des roches contenant *Microraptor*. À cette époque, les oiseaux existaient depuis 20 millions d'années. Leur ancêtre, *Archéoptéryx*, trouvé en Bavière dans des calcaires datant de la fin du Jurassique, présentait une morphologie étonnante combinant des traits d'oiseaux (ailes couvertes de plumes, forme de certains os) et de reptiles (dents, longue queue, griffes au bout des ailes). Bien plus récent, *Microraptor* ne peut être l'ancêtre des oiseaux, mais bel et bien un dinosaure capable de voler.

Chasse active ou en piqué ?

Il est difficile aux paléontologues de savoir si *Microraptor gui* avait des muscles suffisamment développés pour effectuer un vol battu, c'est-à-dire actif, ou si celui-ci n'avait que la capacité de planer. Les fossiles découverts sont tellement aplatis sur les roches que les reconstitutions en trois dimensions des membres sont complexes. D'après les découvreurs de ce théropode, *Microraptor gui* devait planer. Pour attraper les insectes ou les petits vertébrés dont il se nourrissait, il grimpait en haut d'un arbre et lorsqu'une proie se présentait en dessous, il se jetait sur elle à grande vitesse, la saisissait avec la gueule et freinait son élan en déployant ses ailes pour se poser un peu plus loin.

Si voler procure un avantage indéniable (pour la chasse ou la fuite), peu de vertébrés ont développé cette aptitude. Mis à part les oiseaux et *Microraptor*, les ptérosaures sont les seuls reptiles volants ayant existé, et les chauves-souris les seuls mammifères.

Il y a quelques années, un très curieux fossile à plumes mi-oiseau mi-théropode provenant de Chine avait été acheté à des marchands et baptisé *Archeoraptor*, "voleur ancien". Les scientifiques se sont aperçus finalement qu'il s'agissait d'un faux, créé à partir du collage de deux animaux différents.

UN ÉVENTAIL DE PLUMES

Les oiseaux actuels ont des plumes de morphologie variée en fonction de leur utilité. Les plumes dont se sert l'oiseau pour voler, les rémiges ❶, sont de grandes plumes rigides, asymétriques et bombées sur la face supérieure. Elles ont notamment inspiré la forme de l'aile des avions. Les plumes de la queue, les rectrices ❷, ont un rôle différent, celui de direction. Enfin, le duvet ❸ recouvre tout le corps des oiseaux et les protège du froid.

Les fossiles de Chine sont à présent tellement connus dans le monde entier que de nombreux spécimens sont volés pour être revendus à l'étranger ! Pour éviter d'être dépouillés de leurs belles pièces, des musées chinois vont jusqu'à cimenter certains de leurs fossiles dans les murs !

Dans les gisements de Chine et de Mongolie, on a trouvé de nombreux théropodes à plumes : *Microraptor*, *Sinosauropteryx*, *Protarchaeopteryx*, *Yixianosaurus*, *Pedopenna*, *Sinornithosaurus*, *Epidendrosaurus*, *Shuvuuia*, *Dilong*, *Caudipteryx*, *Beipiaosaurus*, *Psittacosaurus*...

Oviraptoridés : les voleurs d'œufs ?

S'il existe un groupe qui pose un problème de taille, c'est celui des oviraptoridés. Ces théropodes bipèdes possédaient en effet un bec corné dépourvu de dents et leur corps était recouvert de plumes. Les paléontologues ne savent pas vraiment s'ils étaient encore des dinosaures ou déjà des oiseaux…

Citipati

Étymologie : seigneur du tombeau
Âge : Crétacé supérieur, 83 à 72 millions d'années
Lieu : Mongolie
Exemples de proies : *Protoceratops*, hadrosauridés

Ce théropode atteignant 3 m de long est le plus grand oviraptoridé connu à ce jour. Tout comme *Oviraptor*, il possédait une sorte de crête cornée au-dessus de la tête qui lui servait probablement à écarter la végétation à la manière du casoar actuel, un oiseau avec une excroissance similaire.

Oviraptor

Étymologie : voleur d'œufs
Âge : Crétacé supérieur, 87 à 72 millions d'années
Lieu : Mongolie
Exemple de proies : *Protoceratops*

Dans les gisements de Mongolie où ont été retrouvés les restes de ce théropode de 2,50 m de long, on a découvert de nombreux œufs ainsi que plusieurs squelettes du petit ornithopode *Protoceratops*. Selon les paléontologues, les œufs appartenaient à ce dernier. Ils ont donc conclu qu'*Oviraptor* se nourrissait de ces œufs qu'il cassait avec son gros bec. Ils l'ont nommé *Oviraptor Philoceratops*, le "voleur d'œufs qui aime les cératopsiens". Quelques années plus tard, d'autres squelettes du même théropode ont été mis au jour, accroupis sur des œufs similaires, contenant des embryons d'*Oviraptor*… Ils étaient en réalité en train de les couver !

Caudipteryx

Étymologie : queue à plumes
Âge : Crétacé inférieur, 125 millions d'années
Lieu : Chine
Exemples de proies : mystère !

Ce petit oviraptoridé primitif mesurant 90 cm de long était couvert de plumes semblables à celles des oiseaux. Celles-ci ne lui permettaient pas de voler mais jouaient plutôt un rôle de régulateur de température (*voir p. 22-23*). *Caudipteryx* possédait en outre des petites dents coniques ainsi qu'un gésier* rempli de galets lui facilitant la digestion. Était-il carnivore comme semblent l'indiquer ses dents, ou herbivore si l'on compare son gésier à celui de certains oiseaux mangeurs de végétaux ? Les paléontologues s'interrogent encore sur son régime alimentaire qui pourrait être mixte.

Au début du film *Dinosaures* de Walt Disney, l'œuf de l'*Iguanodon* Aladar est dérobé par deux *Oviraptor* qui font tomber leur précieux butin dans l'eau à la suite d'une dispute. Il s'agit évidemment d'un clin d'œil des réalisateurs à la signification étymologique d'*Oviraptor*.

Dans le désert de Gobi, les paléontologues trouvent souvent des squelettes de dinosaures dans des positions inhabituelles pour des fossiles, en train de couver par exemple. Au Crétacé, de violentes tempêtes de sable devaient ensevelir rapidement les animaux qui mouraient étouffés.

Ingenia

Étymologie : de Ingeni-Khobur (Mongolie)
Âge : Crétacé supérieur, 83 à 70 millions d'années
Lieu : Mongolie
Exemples de proies : petits vertébrés*, jeunes *Protoceratops*

D'une longueur de 1,30 m, *Ingenia* ressemblait beaucoup à *Oviraptor*, à la différence près qu'il ne possédait pas de crête sur la tête. Parent très attentionné, il prenait soin de ses couvées qui comptaient environ 24 œufs.

Chirostenotes

Étymologie : mains étroites
Âge : Crétacé supérieur, 83 à 70 millions d'années
Lieu : Amérique du Nord
Exemples de proies : jeunes hadrosaures ou cératopsiens, petits vertébrés

Les paléontologues ne savent pas exactement si ce théropode de 2 m de long était un oviraptoridé ou un droméosauridé. Comme les premiers, il possédait des mâchoires sans dents terminées par un bec. Mais il avait des membres antérieurs similaires à ceux des droméosauridés, avec toutefois un second doigt de la main inhabituellement long. Il l'utilisait peut-être pour fouiller dans des trous étroits ou dans les arbres, à la recherche de petites proies.

Conchoraptor

Étymologie : voleur de coquillages
Âge : Crétacé supérieur, 83 à 72 millions d'années
Lieu : Mongolie
Exemples de proies : petits vertébrés, jeunes *Protoceratops*

Il existait beaucoup d'espèces d'oviraptoridés en Mongolie, et *Conchoraptor* semble en être l'un des représentants les plus primitifs : il possédait des caractéristiques anatomiques moins spécialisées que celles des autres oviraptors et intermédiaires avec les autres théropodes. Long d'environ 1,30 m, il n'avait pas de crête au-dessus de son gros bec, et était de constitution robuste par rapport à ses congénères. Son bec solide et puissant, comparable à celui d'un perroquet, lui aurait permis de casser les coquilles des mollusques pour en manger le contenu. Cela lui a valu son curieux nom.

Selon certains paléontologues, les différents traits anatomiques qui caractérisent les oviraptoridés ainsi que la possession de plumes et d'un bec indiquent que ce ne sont pas des dinosaures, mais bel et bien des oiseaux qui auraient perdu la faculté de voler, comme les autruches actuelles.

Les oviraptoridés sont des dinosaures que l'on ne trouve qu'en Laurasia. Depuis leur apparition, probablement au début du Crétacé, ils se sont dispersés entre l'Asie et l'Amérique du Nord, mais n'ont pas colonisé les continents gondwaniens à cause de l'océan Téthys qu'ils n'ont pu traverser.

Des théropodes végétariens !

Dans toute règle, il y a des exceptions. Les théropodes, par exemple, seuls dinosaures carnivores, comptaient dans leurs rangs des herbivores ! Pour passer du steak saignant aux feuilles coriaces, ces dinosaures ont dû adapter leur organisme à ce radical changement de régime.

Gallimimus

Étymologie : qui imite la poule
Âge : Crétacé supérieur, 80 à 70 millions d'années
Lieu : Mongolie
Cet ornithomimidé de 6 m de long était équipé pour repérer et fuir les nombreux prédateurs de Mongolie comme *Velociraptor* ou *Tarbosaurus*. Avec ses yeux orientés sur les côtés du crâne lui permettant de voir à 360° et ses grandes jambes taillées pour la course, il avait toutes les chances de survivre à une attaque. Seul un moment d'inattention pouvait lui être fatal.

Incisivosaurus

Étymologie : reptile à incisives
Âge : Crétacé inférieur, 125 millions d'années
Lieu : Chine
Les oviraptoridés n'ont pas fini d'étonner les paléontologues qui ont découvert un crâne de 10 cm possédant les caractéristiques des oviraptoridés, mais avec de grosses dents en avant qui ressemblent à des incisives de rongeurs ! Ce dinosaure de 1 m de long, improbable croisement entre un théropode et un lapin, devait utiliser ses longues "incisives" pour ronger les plantes.

Un indice qui ne trompe pas

La chair animale est tendre et relativement facile à digérer pour un carnivore grâce à ses sucs gastriques*. Pour les végétaux, qui sont plus coriaces, c'est une autre affaire. À l'instar des sauropodes* et des oiseaux actuels, les théropodes herbivores avaient une poche dans le ventre, le gésier*, qu'ils remplissaient de cailloux après les avoir avalés. Ces "gastrolithes", que l'on retrouve fréquemment parmi les os fossilisés des dinosaures, étaient frottés les uns contre les autres par les muscles de l'estomac et les végétaux engloutis étaient broyés finement au milieu de ces pierres. Ces petits cailloux sont faciles à identifier car ils sont polis à force d'être utilisés.

Les ornithomimidés

Avec leurs très longues jambes, leur morphologie fine et élancée et leur grand bec dépourvu de dents, les ornithomimidés (mot qui signifie "qui imitent les oiseaux") comptent de nombreuses espèces en Amérique du Nord, en Asie et peut-être une en Australie. Ces théropodes étaient les plus rapides coureurs du Crétacé : ils pouvaient dépasser les 60 km/h. La découverte de gastrolithes dans leur estomac indique que ces dinosaures herbivores arrachaient les végétaux avec leur bec et les avalaient directement.

Il existe aujourd'hui un mammifère végétarien appartenant à l'ordre des carnivores : le grand panda qui se nourrit presque exclusivement de pousses de bambou, bien qu'il puisse aussi manger des petits rongeurs et des poissons.

Certains paléontologues pensent que les thérizinosauridés n'utilisaient pas leurs griffes pour saisir et couper les branches, mais plutôt pour ouvrir les termitières et fourmilières et en dévorer leurs occupants.

Therizinosaurus

Étymologie : reptile à faux
Âge : Crétacé supérieur,
83 à 65 millions d'années
Lieu : Mongolie
Ce géant de plus de 10 m de long avait les mains armées de griffes de 70 cm de long. Son long cou lui permettait d'atteindre les hautes branches des arbres qu'il grignotait en s'aidant de ses immenses bras. Ses griffes lui servaient certainement à couper les branchages mais pouvaient également constituer une terrible arme de dissuasion pour les éventuels prédateurs qui se seraient risqués à les attaquer (*voir p. 34-35*).

Les thérizinosauridés

Ces étonnants théropodes du Crétacé possédaient un très long cou terminé par une petite tête, plus courte que celle des autres théropodes, de longs bras et des griffes démesurément grandes. De nombreuses particularités trahissent leur régime végétarien : la présence de gastrolithes dans leur estomac, des petites dents en forme de feuilles et d'immenses griffes qu'ils utilisaient pour saisir et couper les branches. La découverte en 1999 de *Beipiaosaurus* du Crétacé inférieur de Chine, couvert de longs filaments ressemblant au duvet des oiseaux, suggère que les différentes espèces de thérizinosauridés en étaient recouverts.

La plupart des espèces d'ornithomimidés ont été baptisées en combinant un oiseau et le suffixe *mimus* comme *Strutiomimus* (qui mime l'autruche), *Pelecanimimus* (qui imite le pélican), *Dromiceiomimus* (l'émeu), etc.

Thérizinosauridés et ornithomimidés sont deux groupes de théropodes qui sont apparus probablement au Crétacé dans l'un des continents laurasiens et qui se sont disséminés de part et d'autre de la Laurasia. On n'en a, pour l'instant, trouvé aucun dans le Gondwana.

Les abelisauridés

Alors qu'à la fin du Crétacé, les tyrannosauridés dominaient les continents de Laurasia, le Gondwana était peuplé de grands théropodes tout aussi terrifiants, les abelisauridés. Certains d'entre eux, les carnotaurinés, possédaient des cornes sur le crâne.

Carnotaurus

Étymologie : taureau carnivore
Âge : Milieu du Crétacé, 108 à 90 millions d'années
Lieu : Argentine
Exemple de proies : *Chubutisaurus*
Baptisé "taureau carnivore" à cause de ses excroissances osseuses au-dessus des yeux, ce théropode de 7 m de long avait un aspect vraiment effrayant. Dans le film *Dinosaures*, les productions Walt Disney n'ont pas hésité à en faire les abominables "carnataures", les méchants théropodes qui chassaient les *Iguanodon*. Dans la réalité, les *Carnotaurus* n'auraient jamais pu s'attaquer aux *Iguanodon* qui ne vivaient ni sur le même continent ni à la même époque !

Abelisaurus

Étymologie : reptile d'Abel (paléontologue argentin)
Âge : Crétacé supérieur, 72 à 65 millions d'années
Lieu : Argentine
Exemples de proies : *Antarctosaurus*, *Loricosaurus*
Seul son crâne de 90 cm de long est connu. On estime tout de même que ce théropode devait atteindre les 9 m de long. Comme tous les autres abelisauridés, il possédait probablement des membres antérieurs très courts et une allure générale robuste rappelant son cousin d'Amérique du Nord, *Tyrannosaurus rex*.

À quoi pouvaient bien servir les cornes des abelisauridés ? D'après certains paléontologues, ces cornes seraient des ornements qui n'auraient aucune fonction de défense, mais permettraient de distinguer les mâles des femelles.

Les paléontologues ont une très bonne idée de l'allure générale de *Carnotaurus*. Ils ont en effet découvert autour d'un squelette quasiment complet l'empreinte de la peau de l'animal imprimée dans le sédiment.

Mâchoire d'abelisauridé trouvée dans le sud de la France.

Majungatholus

Étymologie : le dôme de Majunga (région à Madagascar)
Âge : Crétacé supérieur, 70 millions d'années
Lieu : Madagascar
Exemple de proies : *Titanosaurus*
Jusqu'à très récemment, les paléontologues pensaient que ce théropode de 8 à 9 m de long était un pachycéphalosauridé, car ils n'avaient trouvé que l'arrière d'un crâne terminé par une sorte de dôme d'os épais. La découverte d'un crâne entier avoisinant 1 m de long a finalement montré qu'il s'agissait d'un théropode, et même du plus grand prédateur ayant vécu à Madagascar à cette époque.

Masiakasaurus

Étymologie : reptile violent
Âge : Crétacé supérieur, 70 millions d'années
Lieu : Madagascar
Exemples de proies : insectes
Ce petit abelisauridé d'environ 1,80 m de long avait une particularité qui n'a jamais été observée chez d'autres dinosaures. Ses dents de devant, en forme de fer de lance, étaient orientées à l'horizontale contrairement aux autres théropodes qui les ont verticales. Une telle disposition suggère qu'il se nourrissait d'insectes qu'il saisissait du bout des dents.

DE TOUT PETITS BRAS

À l'instar des tyrannosauridés, les abelisauridés possédaient des membres antérieurs très réduits par rapport à la taille de leur corps. Leurs petites pattes terminées par trois ou quatre doigts, contre deux seulement chez les tyrannosauridés, étaient tellement courtes qu'elles ne pouvaient atteindre leur gueule. Pour chasser ou dépecer leurs victimes, ils se servaient de leur énorme et robuste gueule comme le font les crocodiles actuels.

Tarascosaurus

Étymologie : reptile de Tarasque
Âge : Crétacé supérieur, 70 millions d'années
Lieu : France
Exemples de proies : *Rhabdodon*, *Ampelosaurus*
Bien qu'appartenant à un groupe de théropodes connus seulement sur les continents du Gondwana, *Tarascosaurus*, avec ses 10 m de long, était le plus grand théropode de France, située alors en Laurasia. Doté de puissantes mâchoires garnies de dents tranchantes, il chassait les ornithopodes *Rhabdodon* ou les sauropodes* titanosauridés qui vivaient dans le sud de la France.

Dans le livre *Le Monde perdu* de Michael Crichton, *Carnotaurus* a la faculté de changer de couleur à la manière des caméléons. Cette capacité n'a évidemment aucun fondement scientifique et paraît peu probable pour un animal aussi gros.

Majungatholus était cannibale. La découverte de traces de morsures sur des os de ce théropode ont été formellement identifiées comme ayant été faites par d'autres *Majungatholus*.

Les crocodiles géants du Sahara

Les abords des rivières africaines étaient des pièges mortels au Crétacé, car en plus du danger que constituaient les immenses théropodes carcharodontosauridés et spinosauridés, un autre prédateur d'origine aquatique guettait les imprudents dinosaures qui venaient s'abreuver près des cours d'eau : le gigantesque *Sarcosuchus imperator* !

Un squelette complet de *Sarcosuchus* a été découvert en 2000 au Niger par une équipe du National Geographic (fondation américaine) qui a largement popularisé ce crocodile en lui donnant notamment le surnom de "Supercroco".

En étudiant les cernes de croissance des os de *Sarcosuchus* qui se forment tous les ans comme celles des crocodiles actuels, les paléontologues ont pu déterminer que "l'empereur des crocodiles" pouvait vivre plus de 40 ans, peut-être 50 ou 60 !

Une tête de pêcheur...

Sarcosuchus partageait une caractéristique avec les prédateurs piscivores : un museau étroit et allongé, garni de dents coniques et pointues, espacées et couvrant toutes les mâchoires. Les gavials, crocodiles piscivores d'Inde, les dauphins ou encore les ichthyosaures (*voir p. 62-63*) ont des museaux identiques qui facilitent la saisie des poissons. Un tel dispositif permet au prédateur de saisir rapidement des proies mobiles en les harponnant avec ses longues dents en pointe. La victime est ensuite avalée d'un rapide mouvement de tête.

Gavial

... mais un chasseur opportuniste*

Le poisson à lui seul n'aurait probablement pas suffi à nourrir des animaux aussi gros. Les paléontologues supposent que *Sarchosuchus* chassait à l'affût les dinosaures qui venaient s'abreuver sur son territoire, tels que les iguanodontidés *Ouranosaurus*. Des squelettes de ce dernier ont en effet été retrouvés mêlés à ceux de *Sarchosuchus*, laissant à penser que l'herbivore *Ouranosaurus* était l'une des proies du crocodile géant. Les grands sauropodes* ou encore certains théropodes de taille modeste devaient également faire partie du menu de *Sarcosuchus*.

Dauphin

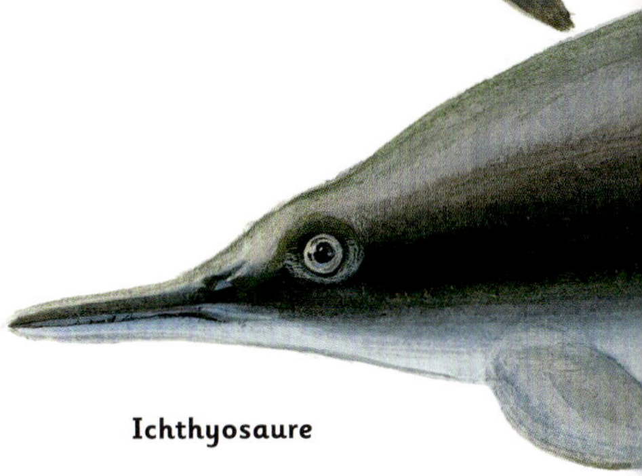

Ichthyosaure

Sarcosuchus imperator

Étymologie : empereur des crocodiles charnus
Âge : Crétacé inférieur, 121 à 93 millions d'années
Lieu : Afrique du Nord

Découvert au Niger en 1964 par une équipe française, ce monstrueux crocodilien au museau allongé mesurait plus de 10 m de long pour environ 8 à 10 tonnes avec un crâne faisant à lui seul 1,80 m. Ses mâchoires comptaient plus de cent dents et son museau était terminé par une sorte de bulbe osseux similaire à celui du gavial actuel. Malgré sa ressemblance avec les autres crocodiles, *Sarcosuchus* n'était en fait qu'un proche cousin des vrais crocodiles.

Les vrais crocodiliens, appelés eusuchiens, sont connus dès le Crétacé supérieur (90 millions d'années) avec la naissance de deux des familles actuelles : les *Crocodilidae* et les *Alligatoridae*. La troisième famille, les *Gavialidae*, est apparue à l'Éocène, il y a environ 40 millions d'années.

Des crocodiliens modernes, *Deinosuchus* était l'un des plus gros ancêtres. Seul son crâne de 2 m a été retrouvé, mais sa taille est estimée à 12 m de long. Ce géant vivait en Amérique du Nord à la fin du Crétacé et a disparu en même temps que les dinosaures, il y a 65 millions d'années.

Les grands reptiles marins

Les océans du Mésozoïque*, qui couvraient plus de la moitié de la Terre, étaient peuplés par de gigantesques reptiles appartenant à des groupes très variés. Ces prédateurs géants se disputaient la suprématie du monde du silence...

Les ichthyosaures

Ces étonnants reptiles marins sont apparus il y a environ 245 millions d'années pour s'éteindre 155 millions d'années plus tard. Avec une allure proche de celle des dauphins actuels, ils atteignaient des tailles de 5 à 9 m de long. Parce que l'on trouve des fossiles d'ichthyosaures un peu partout dans le monde, on sait qu'ils vivaient dans tous les océans. Leur museau effilé, portant de nombreuses et fines dents coniques, indique que leur alimentation était principalement constituée de poissons. La morphologie de leurs quatre membres trahit une origine terrestre : à l'instar des mammifères marins actuels, ils devaient remonter à la surface pour respirer.

Les plésiosaures

Contrairement aux ichthyosaures, les plésiosaures possédaient un cou très allongé et flexible terminé par une petite tête aux mâchoires garnies d'énormes crocs pointés en avant. Leurs tailles variaient de 3 à 15 m de long en fonction des espèces. Ils étaient des chasseurs opportunistes* qui se nourrissaient de poissons, de céphalopodes (ammonites et bélemnites) et autres invertébrés*. Les chercheurs pensent qu'ils sortaient de l'eau et rampaient sur les plages pour pondre à la manière des tortues marines actuelles. Les plésiosaures ont vécu du Jurassique inférieur à la fin du Crétacé entre 200 et 65 millions d'années.

L'ichthyosaure *Ophtalmosaurus* possédait des yeux aussi gros que des boules de bowling : plus de 23 cm de diamètre. Comparé à sa taille de 3 à 4 m, c'était un record !

Des gastrolithes ont été découverts associés à des plésiosaures. Mais contrairement aux gastrolithes des herbivores terrestres (*voir p. 20-21*), ceux-ci devaient avoir une fonction de ballast qui leur permettait de plonger plus efficacement.

Les pliosaures

L'espèce la plus emblématique de ce groupe : *Liopleurodon*. Jeune, il mesurait 18 m de long, dont 4 m rien que pour le crâne ! Adulte, il atteignait ne longueur de 25 m pour environ 100 tonnes, soit la taille d'un petit chalutier ! Ce pliosaure n'avait pas de "vrai" rival dans les mers du Jurassique si ce n'est… un autre *Liopleurodon* ! Très rapide malgré sa taille gigantesque, il affectionnait les petits ichthyosaures dont il ne faisait qu'une bouchée. Preuve de l'extraordinaire voracité de cette espèce : des traces de morsures imprimées dans les os des nageoires de plésiosaures et des squelettes d'ichthyosaures à demi dévorés…

Les crocodiles marins

Les thalattosuchiens étaient un groupe de crocodiliens adaptés à la vie marine dont la particularité était d'avoir les membres et la queue transformés en nageoires. Ils ont vécu du début du Jurassique au début du Crétacé et mangeaient probablement des poissons qu'ils attrapaient à l'aide de leur museau allongé, garni de nombreuses dents.

Les mosasaures

Ils formaient un autre groupe de reptiles marins proche des serpents et lézards terrestres. Ils ont eu une courte existence débutant au moment du Crétacé supérieur pour se terminer il y a 65 millions d'années lors de la crise Crétacé-Tertiaire*. Ces grands prédateurs, dont la taille approchait les 18 m de long, s'attaquaient aux poissons, ammonites, tortues et mollusques. Ils utilisaient notamment leurs grosses dents coniques et épaisses pour briser les coquilles des ammonites et dévorer l'animal, resté ainsi sans protection.

Il est possible que les pliosaures, du fait de leur très grande taille, étaient ovovivipares (ils pondent des œufs qui se développent dans le ventre de la mère), ou vivipares (le petit se développe directement dans le corps de la mère) comme semblent l'avoir été les ichthyosaures.

Un étrange crocodile marin ayant vécu à la fin du Jurassique a été récemment trouvé en Argentine. L'étonnante particularité de *Dakosaurus andiniensis*, surnommé par ses découvreurs "Godzilla", était d'avoir un crâne ressemblant plus à celui d'un théropode qu'à celui d'un crocodile.

Un enfer au Crétacé

Les reptiles marins n'étaient pas les seuls à écumer les océans. D'autres groupes comme les requins, les poissons osseux ou encore les invertébrés* comptaient dans leurs rangs des monstres capables de rivaliser avec les grands reptiles. Les océans du Mésozoïque* étaient les théâtres de drames quotidiens...

Si les grands prédateurs marins d'aujourd'hui ne comptent plus de reptiles, il existe toujours des requins et des céphalopodes, tel le calmar géant des abysses. Depuis la fin du Crétacé, les reptiles marins ont été remplacés par les mammifères : dauphins, épaulards, cachalots...

On raconte que les ammonites étaient des serpents qui auraient été pétrifiés à la suite des prières de sainte Hilda qui voulait bâtir une église dans un lieu infesté de serpents. Pour perpétuer cette histoire, les villageois ont vendu des ammonites sur lesquelles une tête de serpent était sculptée.

Requins

Les requins, grands prédateurs d'aujourd'hui, étaient très abondants au Mésozoïque, mais de taille plus modeste que les reptiles marins avec lesquels ils devaient cohabiter. Le groupe des hybodontidés (*Hybodus*) était l'espèce dominante et occupait de nombreux milieux. Ils furent cependant progressivement supplantés par les requins modernes avant de disparaître à la fin du Crétacé.

Ammonites et bélemnites

Parmi les invertébrés, il existait des groupes de prédateurs qui pullulaient dans les mers : les ammonites et les bélemnites, classées dans les céphalopodes (groupe qui contient aujourd'hui les poulpes, seiches, calmars ou nautiles). De très grosses coquilles enroulées d'ammonites, pouvant atteindre 1,50 m de diamètre, ont été trouvées dans les sédiments. De tels monstres s'attaquaient à de nombreux poissons ou petits reptiles qu'ils capturaient avec leurs tentacules et déchiquetaient à l'aide de leurs puissants becs cornés. Ils étaient cependant une proie de choix pour de nombreux reptiles marins qui brisaient leur coquille à grands coups de dents (*voir p. 62-63*).

Xiphactinus

Ce poisson osseux atteignant les 6 m de long était un monstrueux prédateur. Son énorme gueule, orientée vers le haut et remplie de longues dents pointues, lui permettait de s'attaquer aussi bien aux autres créatures aquatiques (poissons, reptiles) qu'à certains oiseaux marins comme *Hesperornis* qui flottaient à la surface. Ses puissantes nageoires en faisaient un redoutable nageur capable de rattraper la plupart de ses proies ou de distancer ses prédateurs potentiels. Ce monstre vivait à la fin du Crétacé, entre 87 et 65 millions d'années.

←

Le requin *Hybodus* vient d'attaquer brutalement *Plotosaurus*, un mosasaure. Pendant qu'*Elasmosaurus* poursuit des bélemnites, un crocodile marin s'apprête à dévorer des ammonites. Et des *Xiphactinus* passent au loin...

Les nageoires puissantes de *Xiphactinus* lui permettaient d'atteindre une vitesse de 60 km/h selon certains paléontologues. Aujourd'hui, le poisson le plus rapide est l'espadon voilier pouvant nager à 130 km/h. Le dauphin ne dépasse guère les 45 km/h.

Le plus grand requin ayant existé est le *Carcharodon megalodon*. D'une taille de 15 m de long avec une ouverture de mâchoires de 2 m, il vivait au Miocène, il y a environ 20 millions d'années. De ce requin, on n'a trouvé seulement ses dents qui mesuraient jusqu'à 15 cm de long.

Terreurs des cieux

Avec les ptérosaures, les reptiles sont les premiers vertébrés* à avoir conquis le milieu aérien, il y a environ 215 millions d'années. Ces prédateurs ont dominé les cieux une grande partie du Mésozoïque* avant d'être sérieusement concurrencés par les oiseaux.

1 *Pterodactylus*
2 *Pterodaustro*
3 *Anhanguera*
4 *Tropegnathus*
5 *Dorygnathus*

Les ptérosaures avaient des os creux et fins, ce qui leur permettait d'alléger le poids de leur corps et d'être plus efficaces en vol. À cause de cette finesse, leurs os, extrêmement fragiles, sont rarement bien conservés lors de la fossilisation.

L'étonnante similitude entre le crâne de *Pterodaustro* et celui des flamants roses a conduit le paléontologue américain Robert T. Bakker à penser que ce ptérodactyle pouvait également être rose. Il en a d'ailleurs fait le titre de l'un de ses livres, *Le Ptérodactyle rose*.

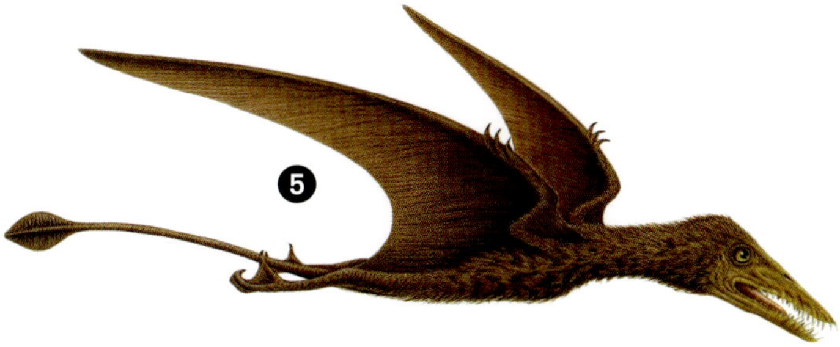

Les rhamphorhynchoïdés

Ce groupe de ptérosaures, apparu au Trias supérieur, il y a environ 230 millions d'années, s'est éteint à la fin du Jurassique. Ils possédaient un crâne parfois très allongé et garni de dents pointues orientées vers l'avant pour saisir leurs proies au vol. La principale caractéristique des rhamphorhynchoïdés était leur grande queue terminée par une membrane de chair en "losange" qu'ils utilisaient pour s'orienter pendant le vol. Généralement de petite taille (les plus grands du type *Rhamphorhynchus* atteignaient toutefois les 1,75 m d'envergure*), les rhamphorhynchoïdés vivaient près des côtes et se nourrissaient essentiellement de poissons qu'ils attrapaient au vol.

UNE AILE TENDUE PAR UN SEUL DOIGT

L'aile des oiseaux, des ptérosaures et des chauves-souris est le résultat de nombreuses modifications du squelette des membres antérieurs. Chez les oiseaux ❸, la plume constitue la majeure partie de la surface de l'aile, et plusieurs os de la main sont soudés les uns aux autres pour solidifier l'aile. Chez la chauve-souris ❶, une membrane de peau est tendue autour des différents os du bras et des doigts très allongés. Les ptérosaures ❷ ont également une membrane de peau tendue, mais seul le quatrième doigt de la main, excessivement allongé, tend l'aile.

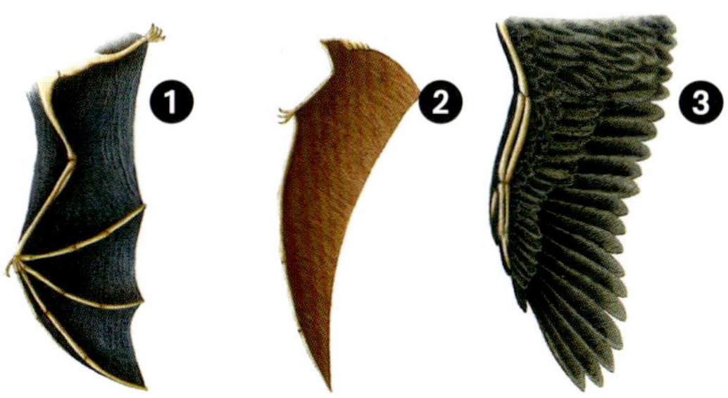

Les ptérodactyloïdés

L'autre groupe de ptérosaures, les ptérodactyloïdés, sont apparus bien après les rhamphorhynchoïdés, à la fin du Jurassique, il y a 200 millions d'années. Ils possédaient une queue extrêmement courte qui dépassait à peine de leur corps et n'avait aucune fonction pour le vol. Des espèces, comme *Pteranodon*, ne possédaient pas de dents sur leurs mâchoires, mais un long bec corné. Certains ptérodactyloïdés avaient des extensions osseuses à l'arrière du crâne qui leur servaient de gouvernail, ou encore des ornementations permettant de distinguer les mâles des femelles. Les ptérodactyloïdés ont donné des espèces de toutes dimensions : des plus petits comme *Pterodactylus elegans* de la taille d'une grosse mésange, aux plus grands animaux ayant jamais volé, de la dimension d'un avion de tourisme (*voir p. 68-69*).

D'excellents pêcheurs

La découverte de contenus d'estomac fossilisés et la forme de leurs mâchoires suggèrent que la plupart des ptérosaures se nourrissaient de poissons et de crustacés. Leur technique de pêche : voler en rase-mottes au-dessus de l'eau et saisir avec les mâchoires les poissons nageant sous la surface. Pour une prise plus efficace, les rhamphorhynchoïdés avaient leurs dents pointées vers l'avant en guise de harpon. Chez d'autres ptérosaures comme *Anhanguera* ou *Tropeognathus*, les mâchoires se terminaient par des crêtes en forme de quilles de bateau leur permettant de voler avec la tête en partie dans l'eau sans être freinés.

Des ptérosaures à sang chaud

Les paléontologues pensent que les ptérosaures, malgré leur statut de reptile, étaient des animaux à sang chaud, car ils devaient consommer beaucoup d'énergie pour pratiquer le vol actif. Au Kazakhstan, des ptérosaures découverts fossilisés dans des conditions exceptionnelles ont montré qu'ils étaient recouverts de poils. Ces poils constituaient une sorte de fourrure qui isolait leur corps et le maintenait à une température élevée nécessaire pour voler. Il est fort probable que tous les ptérosaures étaient ainsi "poilus". Très peu cependant ont été retrouvés, car, tout comme tous les tissus "mous", les poils se conservent mal lors de la fossilisation.

Le rhamphorhynchoïdé *Peteinosaurus*, de 60 cm d'envergure, vivait à la fin du Trias, au bord de la Téthys. Avec *Eudimorphodon*, il est l'un des plus anciens ptérosaures connus. Il avait des ailes courtes et ses mâchoires étaient pourvues de longs crocs en avant suggérant qu'il attrapait des insectes en vol.

En 2004, on découvre, en Chine, des œufs fossilisés contenant des embryons de ptérosaures. Le développement des embryons suggère qu'ils étaient capables de voler et se nourrir peu après l'éclosion de l'œuf, contrairement aux oisillons qui ne volent et ne sont indépendants que plusieurs semaines après.

Les ptérosaures géants

C'est au cours du Crétacé que les ptérosaures ont compté dans leurs rangs les animaux les plus gigantesques ayant volé. Avec plus de 10 m d'envergure* pour certains, ces monstres obscurcissaient les cieux d'Europe et d'Amérique, et terrorisaient probablement les petits dinosaures sans pour autant constituer une réelle menace. Ils n'étaient, en effet, pas adaptés à la chasse de proies terrestres.

Quetzalcoatlus

Étymologie : serpent à plumes (dieu aztèque)
Âge : Crétacé supérieur, entre 84 et 65 millions d'années
Lieu : Amérique du Nord
D'une taille comparable à *Hatzegopteryx*, ce gigantesque ptérosaure a été découvert, vers 1970 au Texas, dans des couches géologiques vieilles de 70 millions d'années. Aucun indice ne permet pour le moment de connaître le régime alimentaire de cette créature au cou sans fin et aux mâchoires dépourvues de dents. Certains pensent que *Quetzalcoatlus* se nourrissait de charognes, d'autres qu'il mangeait des mollusques et des crustacés qu'il cherchait dans les étendues de vase ou les cours d'eau à l'aide de son long bec.

Au Jurassique, les ptérosaures étaient plutôt de petite taille, puis ils sont devenus géants au Crétacé, alors que les oiseaux, assez menus, se diversifiaient. Une compétition entre ces deux groupes aurait-elle forcé les ptérosaures à modifier leurs modes de vie en devenant plus imposants ?

La question du mode de décollage des ptérosaures géants divise les chercheurs. Pour certains, ils étaient capables de décoller par leurs propres moyens, soit en courant, soit en battant des ailes. Pour d'autres, ces reptiles étaient contraints de se jeter du haut d'une falaise pour s'envoler.

Hatzegopteryx

Étymologie : l'aile du Hatzeg (région de Roumanie)
Âge : Crétacé supérieur, il y a 65 millions d'années
Lieu : Roumanie

Les restes fossiles sont rares, mais suffisants pour se rendre compte qu'*Hatzegopteryx* était un géant : 12 m d'envergure avec un crâne robuste et large de 3 m de long ! Afin de pouvoir prendre son envol, ce ptérosaure devait avoir les os à la fois résistants et légers : résistants car le battement des ailes et les différentes tensions endurées pendant le vol étaient très fortes ; légers pour permettre au géant de s'élever dans les airs sans trop de difficulté.

Pteranodon

Étymologie : ailé et sans dents
Âge : Crétacé supérieur, entre 110 et 80 millions d'années
Lieu : Amérique du Nord

Les deux principales espèces de *Pteranodon*, *Pteranodon ingens* et *Pteranodon sternbergi* avaient respectivement une envergure de 7 m et 9 m. Malgré leur gigantesque taille, leur poids total ne dépassait pas 20 kg chacun. La tête de ces ptérosaures était prolongée par un bec pointu sans dents, et surmontée d'une grande crête qui faisait contrepoids et leur permettait de s'orienter lors du vol. Le crâne de *Pteranodon ingens* mesurait à lui seul 1,80 m de long. Tous deux se nourrissaient probablement de poissons qu'ils attrapaient à l'aide de leur bec en volant en rase-mottes au-dessus de la surface de l'eau. Ils passaient certainement la majeure partie de leur temps à planer, tels des albatros, et profitaient des courants d'air chaud pour gagner de l'altitude.

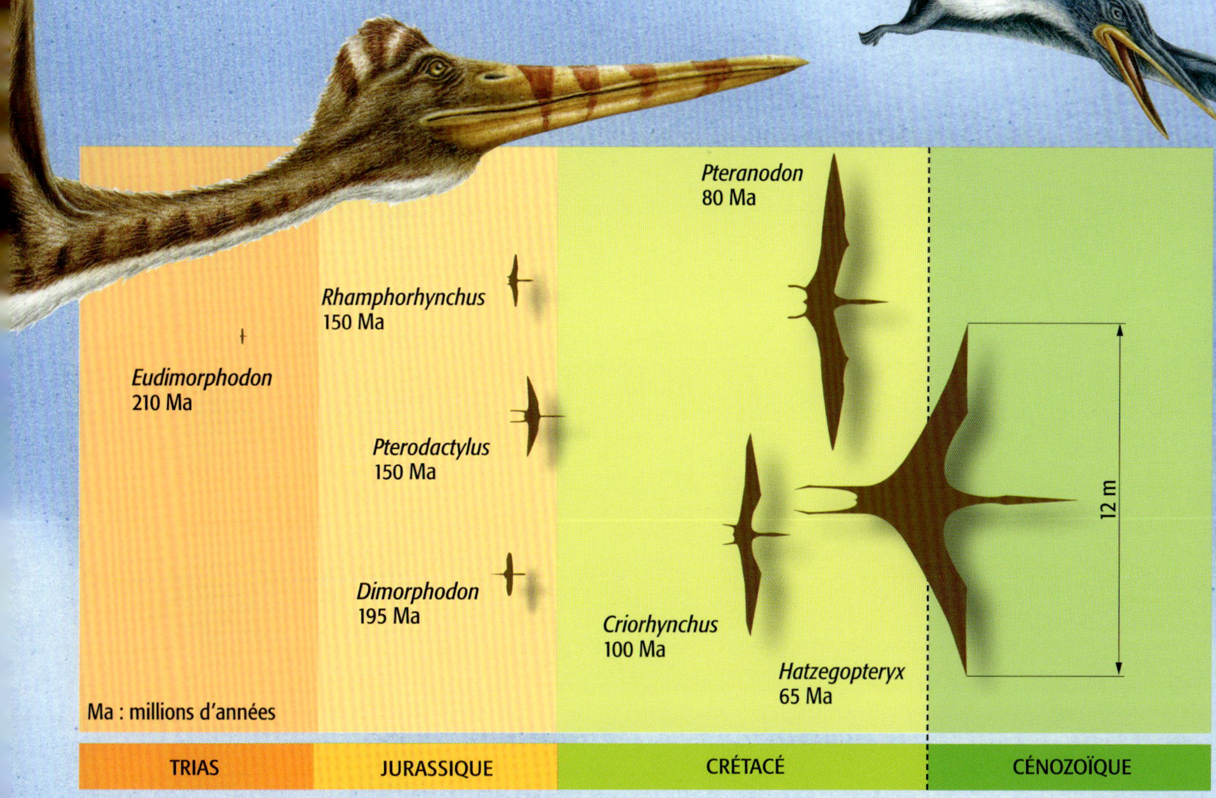

Ma : millions d'années

La question du mode de déplacement des ptérosaures au sol (bipède* ou quadrupède*) est aujourd'hui résolue depuis la découverte, dans une carrière près de Cahors en France, d'empreintes de pas de plusieurs espèces de ptérosaures, toutes quadrupèdes.

Les plus petits ptérosaures trouvés à ce jour sont *Anurognathus* (Jurassique supérieur de Bavière) et *Batrachognathus* (Jurassique supérieur du Kazakhstan). Tous deux mesurent 10 cm de long avec une envergure de 30 et 50 cm, ce qui correspond à la taille d'un moineau aux ailes plus longues.

Un prédateur insoupçonné

La récente découverte en Chine des restes fossiles d'un prédateur dévoreur de dinosaures vient de bouleverser les idées reçues concernant la domination des reptiles dans les chaînes alimentaires*. Ce petit carnivore était en effet un mammifère...

Le reptile mammalien *Dimetrodon* possédait un grand voile de peau sur le dos tendu par ses vertèbres à longues épines qu'il utilisait pour réguler sa température.

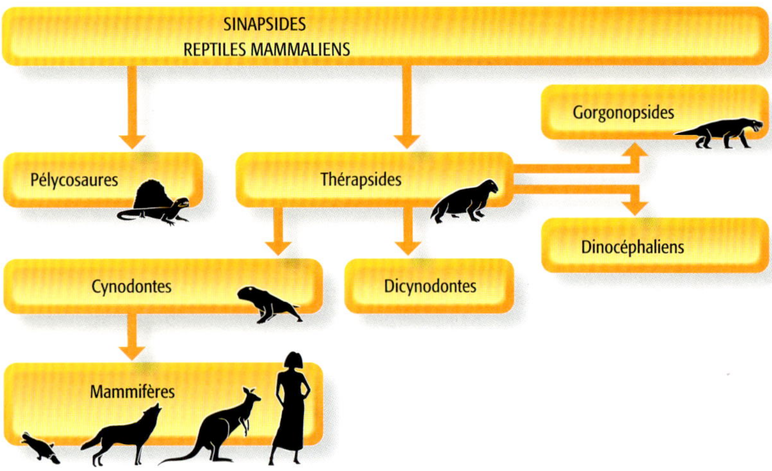

Le squelette de *Repenomanus*, avec montrée du doigt, la roche contenant les os de petits dinosaures.

La longue histoire des mammifères

Contrairement à ce que l'on pourrait penser, les mammifères ne sont pas apparus après l'extinction des dinosaures, mais durant le Trias supérieur (il y a environ 220 millions d'années), soit peu de temps après l'apparition des premiers dinosaures. Leurs ancêtres, les reptiles mammaliens, étaient présents dès la fin du Carbonifère, il y a environ 300 millions d'années. Puis ce fut le tour des thérapsides. C'étaient des animaux mi-reptiles mi-mammifères dont certains, les cynodontes, étaient recouverts de poils et avaient des dents qui rappelaient celles des chiens. Certains de ces thérapsides ont évolué en mammifères. Au cours du Mésozoïque*, ces derniers n'ont toutefois pas connu le même essor que les dinosaures, et sont restés de taille très modeste, ne dépassant guère les 10 cm de long. Ce n'est qu'au Cénozoïque* qu'ils vont réellement se diversifier, occuper de nombreuses niches écologiques avec des mammifères terrestres, aquatiques (cétacés), volants (chauves-souris) ou creusant des galeries (taupes). C'est également à partir de cette période que les mammifères deviennent nettement plus grands.

Au début du Trias, les ancêtres des mammifères ressemblaient encore beaucoup à des reptiles, mais dès le début du Jurassique, ils avaient déjà l'allure de leurs contemporains modernes, c'est-à-dire qu'ils étaient recouverts de poils, comme le montrent des fossiles trouvés en Chine.

Les restes de mammifères sont vraiment difficiles à trouver car ils sont très petits et extrêmement rares. Souvent, les paléontologues doivent tamiser des tonnes de sédiments avant de découvrir une dent.

LES MAMMIFÈRES

Les mammifères modernes sont divisés en trois groupes : les monotrèmes, les marsupiaux et les placentaires qui diffèrent notamment par leur mode de reproduction (voir p. 87). Les monotrèmes (ornithorynques) pondent des œufs bien qu'ils allaitent leurs petits ; les marsupiaux (kangourous), donnent naissance à un petit qui termine son développement dans une poche située sur le ventre de la mère ; les placentaires, enfin, qui constituent l'essentiel des mammifères, gardent leurs petits dans l'utérus jusqu'à ce qu'ils atteignent un stade de développement suffisant pour naître. Ces trois groupes sont les témoins de trois stades dans l'évolution des mammifères (allant du stade monotrème au stade marsupial, puis placentaire) qui ont eu lieu à l'époque des dinosaures.

Repenomamus giganticus

Comparé aux autres mammifères du Crétacé qui n'étaient guère plus gros que des musaraignes, *Repenomamus* était un géant : 1 m de long, un crâne de 16 cm pour une masse comprise entre 12 et 14 kg, soit approximativement la corpulence d'un renard ! Malgré son étymologie trompeuse (reptile-mammifère), *Repenomamus* n'était pas un ancêtre des mammifères, comme les reptiles mammaliens le sont, mais un vrai mammifère qui vivait il y a environ 130 millions d'années dans les forêts luxuriantes du nord de la Chine, là où ont été également découverts des dinosaures à plumes. *Repenomamus* possédait de puissantes mâchoires garnies de solides crocs et des dents postérieures pointues et tranchantes indiquant qu'il mangeait de la viande.

Du dinosaure au menu

En 2005, des paléontologues chinois découvrent un squelette complet fossilisé de *Repenomamus robustus*, un cousin de *Repenomamus giganticus* dont l'estomac contenait son dernier repas. Les restes, à moitié digérés, sont les os d'un petit dinosaure herbivore, un jeune *Psittacosaurus* que le mammifère a démembré avec ses dents tranchantes avant de l'avaler. Les mammifères au Mésozoïque n'étaient donc pas seulement herbivores, insectivores ou mangeurs d'œufs comme le supposaient les paléontologues, mais également de féroces prédateurs.

Auparavant, les scientifiques pensaient que les dinosaures et autres reptiles avaient supplanté les mammifères à cause du climat chaud qui régnait sur Terre et qui les favorisait. Depuis que le statut "sang froid" des dinosaures est remis en doute, cette hypothèse l'est également.

Pour les paléontologues, il est facile de distinguer une dent de reptile d'une dent de mammifère. Celles du premier sont de formes simples et identiques sur toute la mâchoire. Quant au mammifère, il a des dents de morphologie complexe et différente en fonction de leur position sur la mâchoire.

La chute des géants

Il y a 65 millions d'années, une multitude d'espèces animales et végétales ont disparu à la suite d'une catastrophe planétaire. Ce cataclysme n'a épargné ni les gigantesques dinosaures ni les centaines d'autres espèces connues à ce jour par les paléontologues. Quelles sont alors les causes de cette extinction ? Pourquoi certaines espèces ont-elles survécu ?

Hypothèse extraterrestre

En 1978, une équipe de scientifiques découvre en Italie de l'iridium en grandes concentrations dans une couche géologique correspondant exactement à la limite entre la fin du Mésozoïque* et le début du Cénozoïque*, il y a 65 millions d'années. L'iridium est un métal extrêmement rare dans la croûte terrestre, mais très abondant dans les météorites. Peu de temps après, cette quantité "anormale" d'iridium est retrouvée dans de nombreuses régions du monde, ainsi qu'un immense cratère appelé Chicxulub, de 200 km de diamètre, dans la péninsule du Yucatan au Mexique. Ces divers indices indiquent qu'une monstrueuse météorite s'est écrasée sur Terre il y a 65 millions d'années et aurait été, selon la plupart des scientifiques, la cause principale de la crise biologique connue sous le nom de crise K/T*.

D'autres hypothèses plus farfelues expliquent la fin des dinosaures : le bouleversement des climats dû à la chute brutale du niveau des océans ; un changement de la gravité terrestre qui aurait tellement alourdi les dinosaures qu'ils n'auraient plus pu supporter leur poids ; une épidémie mortelle...

Au Mexique, le grand cratère Chicxulub, daté à 65 millions d'années, n'est pas visible à l'œil nu car il a été recouvert de sédiments. Il a été détecté à l'aide d'appareils permettant de visualiser certaines anomalies dans l'écorce terrestre.

Hypothèse terrestre

Une autre hypothèse peut également expliquer la catastrophe de la fin du Crétacé. Il y a 65 millions d'années, en Inde, des volcans sont entrés en activité et ont émis d'importantes quantités de gaz dans l'atmosphère. Ces gaz auraient profondément modifié les climats terrestres et les animaux n'ayant pas pu s'adapter à ces nouvelles conditions auraient disparu. L'étendue des coulées de lave était immense, car elles recouvraient environ l'équivalent de la surface de la France sur plusieurs centaines de mètres d'épaisseur !

Un scénario possible

Si tous les scientifiques (géologues, paléontologues, physiciens, chimistes) ne s'entendent pas sur la cause de l'extinction des dinosaures, la plupart d'entre eux semblent valider le scénario suivant : il y a 65 millions d'années, la violente chute d'une météorite de 10 km de diamètre a soulevé dans l'atmosphère d'énormes quantités de poussières. Ces particules ont obscurci le ciel et bloqué les rayons du soleil plusieurs mois durant. Les plantes, privées de lumière et de chaleur, ont été décimées, ne survivant que sous forme de graines dans le sol. La chaîne alimentaire* s'est alors rompue : les animaux herbivores, dont les dinosaures, se sont éteints, faute de nourriture, puis ce fut le tour des carnivores qui disparurent en quelques mois voire quelques semaines seulement.

Victimes et survivants

La crise de la fin du Crétacé fut l'une des cinq plus importantes crises biologiques que la Terre ait connues. Tous les dinosaures et ptérosaures ainsi que de nombreuses familles d'oiseaux et de mammifères ont disparu. En revanche, les crocodiles, tortues, lézards et serpents, pour ne citer que les vertébrés*, ne semblent pas avoir été très affectés par cette crise. Dans les océans, les reptiles marins, plésiosaures et mosasaures, les ammonites, les bélemnites ainsi que plusieurs familles de poissons ont péri. Au total, ce sont 70 % des espèces répertoriées par les paléontologues qui ont disparu brutalement.

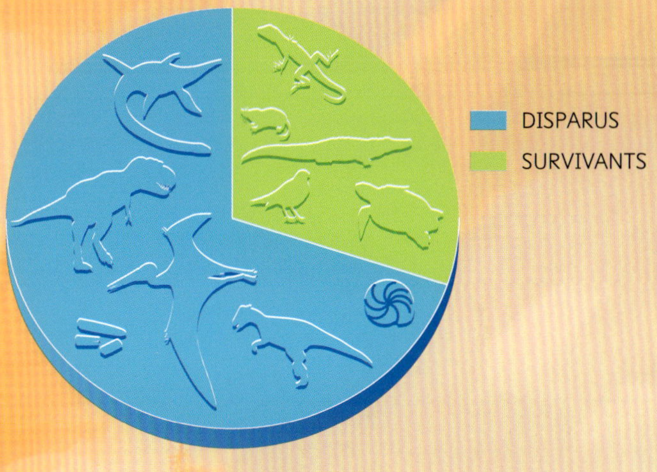

Certains se demanderont pourquoi les plantes n'ont pas souffert de la crise alors qu'elles ont été les premières décimées par l'obscurcissement du ciel. Les graines qu'elles avaient produites ont attendu que le climat soit à nouveau meilleur pour produire de nouvelles plantes.

Les paléontologues se demandent encore pourquoi les ptérosaures, et non les oiseaux, ont disparu lors de la crise K/T, alors que tous deux étaient des prédateurs volants, et pourquoi les petits mammifères insectivores ont survécu aux petits théropodes alors qu'ils mangeaient sensiblement la même chose... ?

Dans le dessin animé *Toy Story*, le *T. rex* est loin de briller par son intelligence !

Sur cette couverture de magazine datant de 1926 est illustrée une scène de *Voyage au centre de la Terre*, roman écrit par Jules Verne.

La “Dinomania”

Ils ont régné sur Terre pendant plus de 185 millions d’années avant de disparaître brutalement. L’étonnant succès de ces créatures d’un autre âge demeure aujourd’hui encore un mystère pour les scientifiques qui continuent de découvrir chaque année des dizaines de nouvelles espèces.

La littérature

La découverte et la reconstitution des premiers dinosaures au XIXe siècle ont inspiré nombre d’écrivains. Dans *Le Monde Perdu* de Sir Conan Doyle, publié en 1912, une équipe d’explorateurs part dans la forêt amazonienne à la recherche de dinosaures vivants. Au cours de leur périple, ils sont victimes d’un monstrueux théropode, *Megalosaurus*. Embarqués sur leur radeau, les trois héros de *Voyage au centre de la Terre* (Jules Verne) assistent, tétanisés par la peur, à la lutte acharnée entre un ichthyosaure et un plésiosaure, qui sera fatale pour ce dernier. À la fin du XXe siècle, Michael Crichton, dans *Jurassic Park* et *Le Monde Perdu*, met en scène des dinosaures ressuscités grâce aux miracles de la génétique* et qui parviennent à échapper au contrôle des hommes. Même le fameux docteur Jones a eu affaire à eux dans l’ouvrage *Indiana Jones and the Dinosaur Eggs*, de Max McCoy, publié en 1996.

En y tapant “dinosaure”, le moteur de recherche Google renvoie plus de 600 000 références, et 16 millions en tapant le terme en anglais ! Difficile de rester ignorant sur le sujet, même s’il faut rester prudent, car les informations diffusées ne sont pas toujours vérifiées par des spécialistes.

Les dinosaures sont aussi les vedettes des jeux vidéo. Depuis *Super Mario* au très récent *King Kong* en passant par *Tomb raider* ou encore *Turok*, les théropodes ont la part belle dans le palmarès des méchants. Le jeu *Carnivores* nous permet même de chasser les dinosaures !

Une scène de *Jurassic Park* où l'héroïne se fait courser par un redoutable théropode !

Dans le film *Le Monde perdu* (1925), un *Allosaurus* attaque férocement un *Brontosaurus*. Ces créations étaient fabriquées à l'époque avec de l'argile et du caoutchouc !

Le grand écran...

Bientôt les dinosaures sont passés du papier à l'écran. *Le Monde perdu* de Conan Doyle a été adapté une première fois en 1925, puis en 1960. Les dinosaures étaient alors représentés comme des monstres de carton-pâte ou des gros lézards "déguisés à la manière de"! Grâce aux progrès des effets spéciaux, les maquettes artisanales des premiers films ont laissé place aux images de synthèse d'un réalisme époustouflant utilisées dans les trois œuvres *Jurassic Park*, ou encore dans le dernier film *King Kong* de Peter Jackson, sorti en 2005.

... et le petit

Dans un registre plus éducatif, des documentaires télévisés ont donné la part belle aux dinosaures : ils n'étaient plus vus seulement comme des monstres sanguinaires, mais tout simplement comme des animaux. Dans le film *Sur la Terre des dinosaures* produit par la télévision britannique BBC, les réalisateurs ont reconstitué, aidés par plusieurs centaines de scientifiques, le climat, les paysages, la morphologie des reptiles, etc.

Les dessins animés

Le premier film d'animation, *Gertie le Dinosaure*, consacré aux fameux reptiles date de 1914. Dans les années 1940, les studios Walt Disney produisent *Fantasia*, mettant en scène l'histoire de la vie sur Terre et notamment la fin des dinosaures, décimés par les volcans et les divers bouleversements climatiques qui en résultent. Dans *Dinosaures*, Aladar le gentil iguanodon doit lutter contre de très cruels carnotaures avec l'aide d'autres dinosaures herbivores alors qu'ils sont à la recherche de contrées au climat plus clément.

Même si les dinosaures ne sont qu'un groupe fossile parmi tant d'autres, de nombreux étudiants désirant devenir paléontologues ne rêvent de travailler que sur eux, à tel point, qu'aux États-Unis des formations exclusivement dédiées à ce groupe de reptiles sont dispensées dans plusieurs universités.

Certains ont vu dans la légende du monstre du Loch Ness la survivance d'une lignée de reptiles marins, les plésiosaures. Cette hypothèse est fort peu probable car il n'existe dans le registre fossile récent aucun indice permettant de la soutenir.

L'astérisque (*) signale les mots expliqués dans le lexique p. 150.

Les pictogrammes de la frise aident à identifier la nature de l'information :

Chiffres et records

Fausses idées

Histoire de la paléontologie

Observation

Faune et flore

Culture

Anatomie

Nature en danger

Texte : Loïc Costeur
Édition : Élodie Lépine et Cécile Verdier
Contribution rédactionnelle : Valérie Balland-Brizoual
Direction artistique : Armelle Riva
Mise en page : Catherine Enault
Fabrication : Florence Bellot

AUX PREMIERS MAMMIFÈRES

Sommaire

La vie, en bref

La Terre est la seule planète connue dans l'univers pour abriter la vie. Cette histoire très ancienne est tout sauf un long fleuve tranquille ! Des premières cellules aux mammifères les plus évolués, petit tour d'horizon de cette formidable aventure...

Une saga à rebondissements

Les scientifiques pensent que la vie est apparue sur la Terre il y a 3,8 milliards d'années. Pendant plus de 3 milliards d'années, seuls de petits organismes autonomes faits d'une, puis de plusieurs cellules*, peuplent le milieu marin. Des animaux sans squelette interne, les invertébrés, apparaissent vers 600 millions d'années, et les vertébrés leur emboîtent le pas rapidement, mais toujours sans sortir des eaux. Il faut attendre environ 370 millions d'années avant notre ère pour voir le premier animal fouler la terre ferme. À partir de cette date, de multiples formes de vertébrés vont se développer : batraciens, poissons et reptiles à la fin du Paléozoïque, dinosaures et mammifères au Trias, oiseaux au Jurassique. La disparition des dinosaures, à la fin du Crétacé, permettra aux mammifères de devenir les maîtres sur Terre.

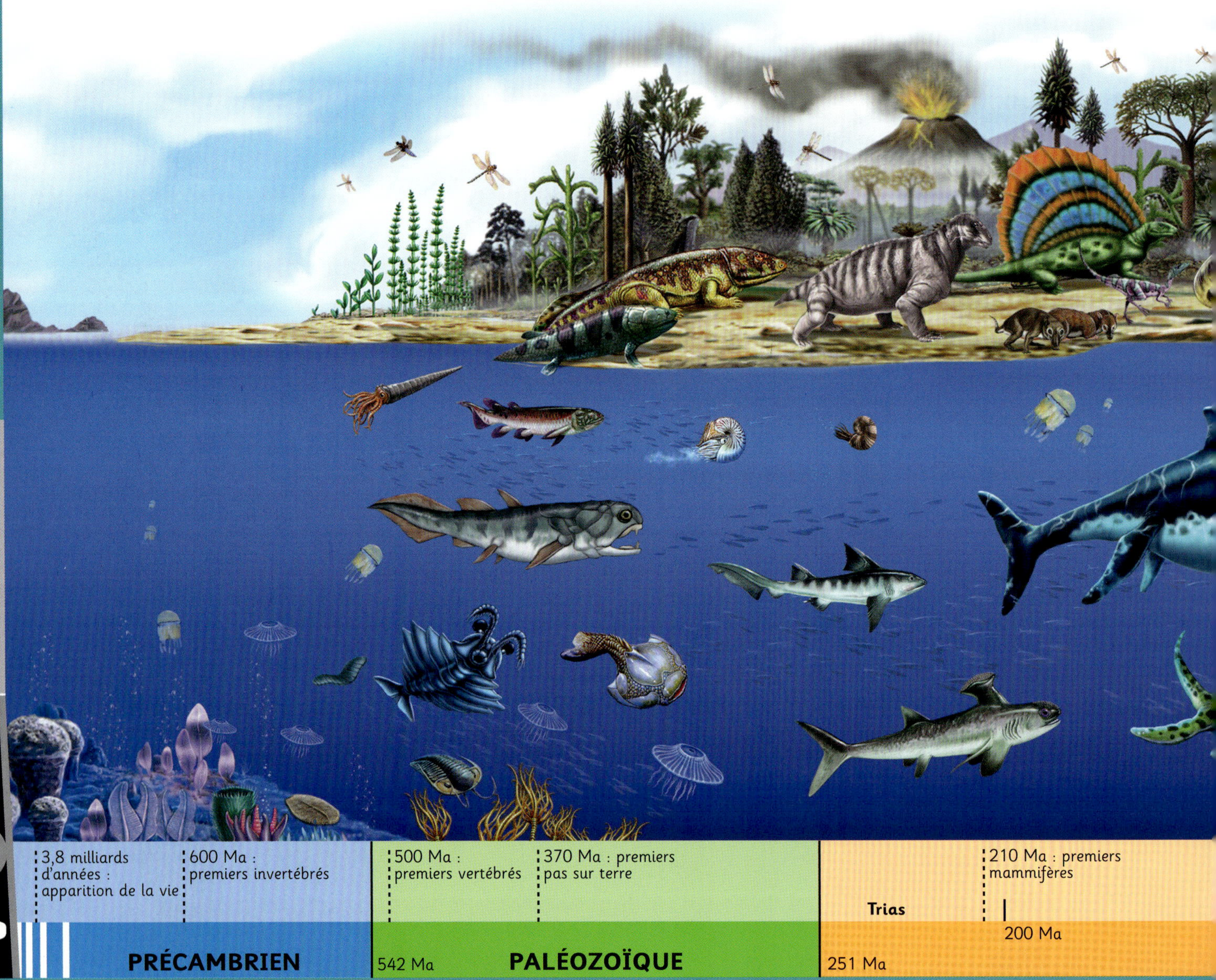

Les premières formes de vie étaient des cellules très simples, dépourvues de noyau. Les scientifiques estiment que c'est à partir de ces bactéries primitives que la vie a pu se développer sur notre planète.

Il y a 3,5 milliards d'années, les seules formes de vie étaient des bactéries qui construisaient de curieux monticules rocheux appelés stromatolithes, en agglutinant le sable présent dans l'eau. On en trouvait partout sur Terre au Précambrien. Ils existent encore au bord de certaines plages en Australie.

Les fossiles, horloges des roches

Les spécialistes ont une idée de plus en plus précise de l'histoire de notre planète et des organismes qui l'habitent grâce à la datation des couches géologiques. Pour étudier la succession des couches rocheuses, ils s'appuient notamment sur les fossiles qu'elles contiennent. Chaque espèce de mammifère, par exemple, a vécu à une période précise. Si on retrouve l'une de ces espèces dans des sédiments*, on peut dater ces derniers parfois très précisément en étudiant l'animal en question. Ainsi, les petits mammifères du groupe des rongeurs, nombreux et bien représentés dans les roches, fournissent souvent des indices aux paléontologues.

DÉCOUPAGE GÉOLOGIQUE

Les géologues divisent l'histoire de la Terre et de la biosphère* en quatre ères : le Précambrien, où la vie est peu présente, le Paléozoïque qui voit la vie exploser, le Mésozoïque ou ère des dinosaures et des ammonites, et le Cénozoïque ou ère des mammifères. Ces ères sont elles-mêmes subdivisées en de nombreuses périodes. Ce sont toutes ces différentes périodes, se succédant depuis la formation de la Terre il y a 4,5 milliards d'années jusqu'à nos jours, que l'on appelle les temps géologiques.

Ma = millions d'années

On parle d'explosion de la vie au début du Paléozoïque, il y a environ 540 millions d'années, car on a retrouvé de nombreux fossiles, très divers, dans les couches géologiques datant de cette période. Elle marque ainsi le début du Phanérozoïque, l'ère de "l'animal visible".

Les limites des périodes géologiques correspondent à des phénomènes majeurs dans l'histoire de la vie sur Terre : apparition rapide d'organismes (comme à la limite Précambrien-Paléozoïque), extinctions en masse causées par des catastrophes naturelles (comme à la limite Crétacé-Tertiaire)...

Cénozoïque : le règne des mammifères

Le Cénozoïque, ou ère de la vie nouvelle, voit les mammifères s'épanouir après 150 millions d'années de vie cachée. De plus en plus nombreux et variés, ils vont occuper l'espace laissé libre à la suite de l'extinction de multiples espèces, dont les célèbres dinosaures, voici environ 65 millions d'années.

Repenomamus

Rappel des épisodes précédents

Les ancêtres des mammifères tels que nous les définissons étaient les thérapsides cynodontes, des animaux couverts de poils, intermédiaires entre les reptiles et les mammifères. L'espèce la plus ancienne reconnue comme appartenant au groupe qui nous intéresse se nomme *Morganucodon watsoni* ou la "dent de Glamorgan", du lieu de sa découverte ; les fossiles indiquent que ce petit animal avait la démarche, les mâchoires et la denture* des mammifères actuels. Il vivait au Trias, quelque 210 millions d'années avant notre ère, et ne dépassait pas la taille d'une souris actuelle. Ce caractère est resté commun à presque tous les mammifères de l'ère mésozoïque. Presque, car certains, comme *Repenomamus giganticus*, datant du Crétacé en Chine, atteignaient près de 1 m de long !

Chaud et froid

Au Cénozoïque, la Terre a connu tous les types de climats possibles. Ces changements climatiques ont provoqué des changements de végétation et ont ainsi participé à l'évolution des mammifères. Vers 55 millions d'années, il faisait si chaud qu'il n'y avait pas de calotte glaciaire aux pôles ; les forêts tropicales étaient répandues jusqu'au nord du Canada. À l'opposé, les périodes glaciaires des derniers 100 000 ans ont vu s'étendre les glaces polaires jusqu'à des latitudes très basses ; les moitiés nord de la France ou de l'Amérique du Nord ont alors été recouvertes de glaciers. On a ainsi retrouvé des mammouths laineux, adaptés à un climat très froid, jusque dans le sud de la France.

Morganucodon

La découverte récente de *Repenomamus* a bouleversé les idées des chercheurs sur le régime alimentaire des mammifères anciens. Cet animal a en effet été retrouvé fossilisé avec les restes d'un petit dinosaure dans l'estomac... Les mammifères pouvaient donc être les prédateurs de certains dinosaures !

C'est le célèbre géologue anglais Charles Lyell qui a découpé, en 1838, le Cénozoïque en trois périodes : l'Éocène, le Miocène et le Pliocène. Trois autres périodes, le Paléocène, l'Oligocène et le Pléistocène, ont été ajoutées au fur et à mesure de la progression des connaissances géologiques et paléontologiques.

La Terre a la bougeotte

La Terre est une planète active dont la surface est composée de plaques qui bougent les unes par rapport aux autres, provoquant parfois des séismes : c'est la tectonique des plaques. Les continents, ancrés sur les plaques, suivent ces mouvements permanents. De tels mouvements sont très importants dans l'histoire de la vie, car c'est grâce à eux que les animaux colonisent de nouveaux milieux. Au début du Paléocène ①, la surface terrestre ressemblait assez peu à celle d'aujourd'hui : l'océan Atlantique était moins large, l'Inde n'appartenait pas encore à l'Asie et la France n'avait pas sa forme hexagonale. Au Miocène ②, les éléphants ont pu migrer d'Afrique en Europe grâce à un contact entre ces deux continents qui n'existe plus maintenant. Autre exemple : au Pliocène, un bras de terre (l'isthme de Panamá) a émergé entre l'Amérique du Nord et l'Amérique du Sud, favorisant échanges et concurrence entre les faunes des deux territoires.

UNE SCIENCE TRÈS ANCIENNE

La paléontologie, littéralement "discours sur les êtres anciens", est la science qui étudie les traces fossilisées laissées par les organismes disparus, animaux ou végétaux, dans la roche. Cette discipline, dont le père est le Français Georges Cuvier, est née dans les années 1800.

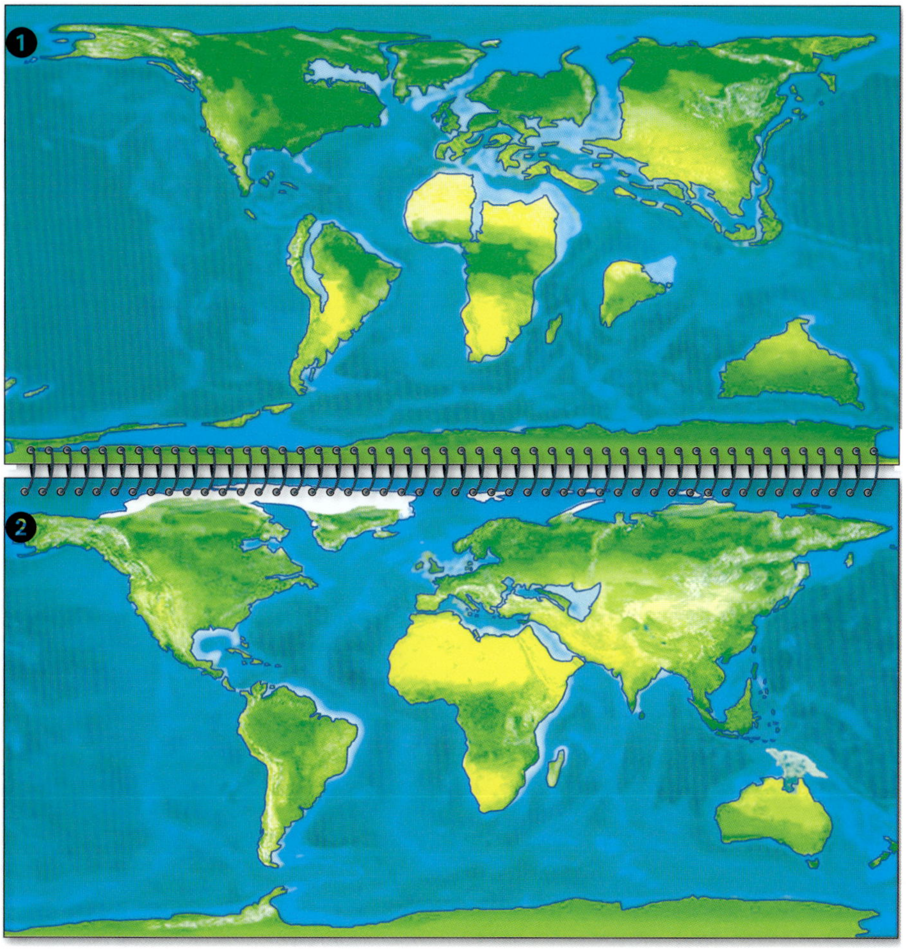

L'explosion du groupe

Dès le début du Cénozoïque, on connaît un grand nombre de familles de mammifères. Beaucoup d'entre elles existaient déjà au Crétacé. Le début du Paléocène est donc un simple prolongement de la vie de la fin du Mésozoïque, les dinosaures en moins ! Les mammifères les plus répandus à cette époque sont des animaux de quelques centimètres de long, les multituberculés. Ce nom vient de la forme de leurs dents constituées de multiples rangées de petits tubercules. Ils disparaissent au début de l'Oligocène. Sous l'effet d'un réchauffement climatique, la fin du Paléocène voit exploser la diversité des mammifères. Des primates comme *Altiatlasius*, petit singe d'environ 120 g, ou de gros ongulés primitifs tel *Titanoides* commencent à parcourir l'Afrique du Nord et l'Amérique du Nord.

Ptilodus, un multituberculé du Crétacé.

Il existe plus de 200 genres et plusieurs centaines d'espèces de mammifères actuellement décrits pour toute la période du Mésozoïque. Les paléontologues en découvrent de nouveaux tous les ans, améliorant ainsi la connaissance de nos lointains ancêtres.

Le vocabulaire paléontologique emprunte de nombreux préfixes et suffixes à la langue grecque. Par exemple, "paléo" vient de *palaios* qui signifie ancien, "céno" vient de *kainos*, récent, et "zoïque" de *zoïkos*, relatif aux animaux.

Comment reconnaît-on un mammifère fossile ?

La présence de mamelles pour allaiter les petits, les poils qui recouvrent le corps : associées à d'autres, ces caractéristiques permettent de reconnaître facilement un mammifère actuel. Mais comment fait-on pour identifier un mammifère fossile, chez qui ces éléments ont disparu ?

Comparer pour mieux classer

Les premiers paléontologues qui ont étudié des fossiles de vertébrés les ont comparés à la fois entre eux et avec des ossements d'animaux actuels bien connus, pour pouvoir les différencier et les classer. Ils ont imaginé que les mammifères, qu'ils soient vivants ou disparus, devaient tous avoir des caractères en commun. De plus, ces caractères devaient être distincts de ceux que l'on pouvait retrouver chez d'autres groupes. Cette approche simple, appelée anatomie comparée, fut une grande avancée scientifique. Ajoutons à cela l'actualisme, c'est-à-dire la comparaison avec les animaux actuels, et la paléontologie moderne est née !

Grâce à leurs puissantes molaires, les ours des cavernes écrasaient les herbes, les fruits et les feuilles qui composaient leur menu.

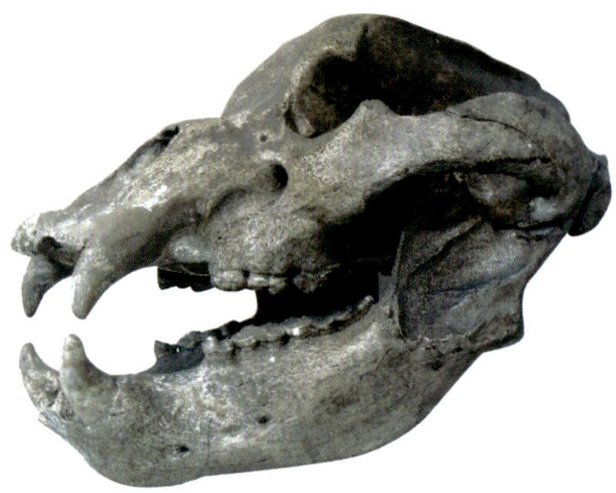

C'est un Anglais qui, le premier, a utilisé l'expression "anatomie comparée" afin de décrire les ressemblances et les différences entre les êtres vivants, mais c'est Georges Cuvier, ici caricaturé, qui en a énoncé les principes généraux vers 1800.

Les dents ne mentent jamais

Par opposition aux reptiles, dont les dents sont des cônes simples, tous identiques et sans racine, les mammifères ont développé au cours de leur évolution une denture* bien différente. Les dents des premiers mammifères du Trias étaient pointues, mais elles possédaient des racines et deux petits cônes supplémentaires qui aidaient à découper la nourriture. Au cours du Mésozoïque puis du Cénozoïque sont apparues dans leur mâchoire des incisives, des canines, des prémolaires et des molaires, chaque type de dent remplissant une fonction précise (couper, broyer, intimider...).

En 1804, Georges Cuvier démontra en direct devant l'Académie des sciences le bien-fondé du principe d'anatomie comparée. Pour cela, il dégagea de sa roche un petit marsupial fossile et fit apparaître des os particuliers propres à l'espèce, dont il avait deviné la présence. Succès garanti !

Les dents sont les fossiles que l'on retrouve en majorité dans les sédiments*. Leur structure très minéralisée, c'est-à-dire formée de petits cristaux très denses, leur permet de se conserver plus facilement que certains os plus fragiles.

À chacun son squelette

Tous les mammifères cumulent des signes distinctifs. Leur crâne ne possède qu'un seul creux ou trou sur chaque côté, au contraire des oiseaux par exemple qui en ont deux, ou des tortues qui n'en ont pas. Leur mâchoire inférieure est constituée d'un seul os, le dentaire. Chez les reptiles, en revanche, la mâchoire possède deux autres os, le carré et l'articulaire. On les retrouve sous d'autres noms (l'enclume et le marteau) et localisés différemment chez les mammifères. Ils servent maintenant à l'audition !

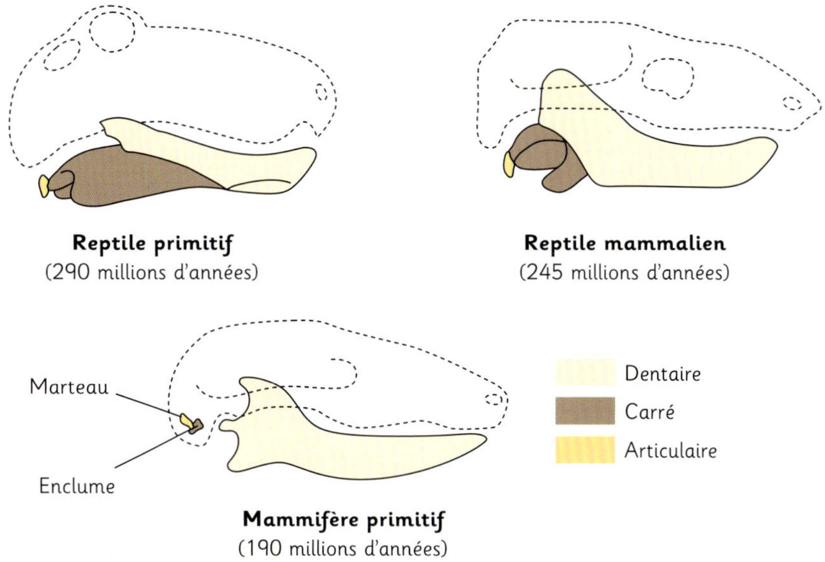

Évolution de la mâchoire, des premiers reptiles aux premiers mammifères.

Les maîtres de l'adaptation

Les transformations survenues dans l'apparence extérieure des mammifères sont liées à des adaptations à leur milieu de vie. Au Mésozoïque, les mammifères étaient de petite taille et pourvus de dents liées à un régime à base d'insectes. Au cours du Cénozoïque, la forme des dents et la taille de ces animaux ont évolué. Les dents de *Peradectes*, par exemple, premier marsupial (*voir p. 110-113*) de l'Éocène d'Allemagne, lui permettaient de manger de tout. Il mesurait environ 25 cm de la tête à la queue. D'autres représentants de la même époque ne pouvaient consommer que des végétaux, comme le montre la denture de *Pleuraspidotherium*, dont la taille devait dépasser 80 cm.

Peradectes

Pleuraspidotherium

Quelques rares mammifères actuels pondent des œufs, comme les reptiles ; c'est le cas du bizarre ornithorynque, par ailleurs poilu et doté d'un bec. Cette caractéristique montrerait que les reptiles et les mammifères ont un ancêtre commun lointain.

Dans les années 1850, Charles Darwin, le père de la théorie de l'évolution, découvrit que la forme des organes des animaux était liée à une fonction particulière. Il montra par exemple que les pinsons des Galápagos avaient tous des becs de forme différente, propre à leur régime alimentaire.

Une histoire de famille

En étudiant les caractères du squelette des animaux et leur ADN*, les scientifiques s'efforcent de retracer les liens de parenté entre les différents groupes de mammifères. Chaque nouveau fossile découvert dans le monde vient préciser cette classification en perpétuelle évolution.

Classification des êtres vivants

En 1758, le biologiste suédois Carl von Linné invente une classification universelle des êtres vivants selon laquelle chaque espèce est désignée par deux noms écrits en latin. Ainsi, le célèbre mammouth laineux s'appelle *Mammuthus primigenius* : *Mammuthus* est le nom de genre (écrit avec une majuscule), et *primigenius* le nom d'espèce. L'espèce est l'unité de base de cette classification qui possède plusieurs niveaux. Dans la classe *Mammalia*, qui regroupe l'ensemble des mammifères, l'ordre des primates, par exemple, comprend de nombreuses familles. Ces familles se subdivisent elles-mêmes en genres, et les genres en espèces. Ainsi, l'homme – du genre *Homo* et de l'espèce *sapiens* – et le chimpanzé – du genre *Pan* et de l'espèce *troglodytes* – font tous deux partie de la famille des hominidés.

CAROLI LINNAEI
EQVITIS DE STELLA POLARI,
ARCHIATRI REGII, MED. ET BOTAN. PROFESS. VPSAL.
ACAD. VPSAL. HOLMENS. PETROPOL. BEROL. IMPER.
LOND. MONSPEL. TOLOS. FLORENT. SOC.
SYSTEMA
NATVRAE
PER
REGNA TRIA NATVRAE,
SECVNDVM
CLASSES, ORDINES,
GENERA, SPECIES,
CVM
CHARACTERIBVS, DIFFERENTIIS, SYNONYMIS, LOCIS.
TOMVS I.
PRAEFATVS EST
IOANNES IOACHIMVS LANGIVS
MATH. PROF. PVBL. ORD. HALENS. ACAD. IMP. ET BORVSS. COLLEGA.
AD EDITIONEM DECIMAM REFORMATAM HOLMIENSEM.
HALAE MAGDEBVRGICAE
TYPIS ET SVMTIBVS IO. IAC. CVRT. MDCCLX

Page de titre du premier tome du *Systema naturae* de Carl von Linné.

PORTRAIT ROBOT

Tous les mammifères partagent des caractéristiques faciles à identifier. Leur corps est soutenu par une colonne vertébrale. Par opposition aux reptiles, qui doivent se réchauffer au soleil, leur température corporelle est constante, ce qui leur permet d'avoir une activité intense tout au long de la journée. Les mammifères ont un pelage plus ou moins développé qui les protège du soleil ou du froid, et possèdent des mamelles pour allaiter les nouveau-nés.

Espèces vivantes ou disparues

La classe des mammifères compte environ 450 familles, dont 300 ne sont représentées que par des animaux disparus. Au total, on recense donc plusieurs milliers d'espèces. La plupart sont aujourd'hui éteintes et beaucoup demeurent inconnues, car la préservation des fossiles reste un phénomène exceptionnel (*voir p. 88*). Plusieurs dizaines d'espèces de mammifères fossiles sont toutefois découvertes et décrites tous les ans. Ces chiffres évoluent en permanence et ne donnent qu'une petite idée de la diversité du groupe, qui compte actuellement 5 400 espèces vivantes.

Les chercheurs utilisent la molécule d'ADN, qui définit un être vivant, pour classer les mammifères. Selon les techniques utilisées, les résultats varient ; ainsi, la famille des girafes se retrouve parfois proche de celle des vaches, des gazelles et des moutons, et parfois proche de celle des cerfs et des daims.

Le mot mammifère (*Mammalia*) a été inventé en 1758 par Carl von Linné. Il vient du latin *mamma* qui signifie mamelle, et *ferre*, porter. Un mammifère est donc un animal qui porte des mamelles. En français, ce mot apparaît pour la première fois dans un dictionnaire en 1791 !

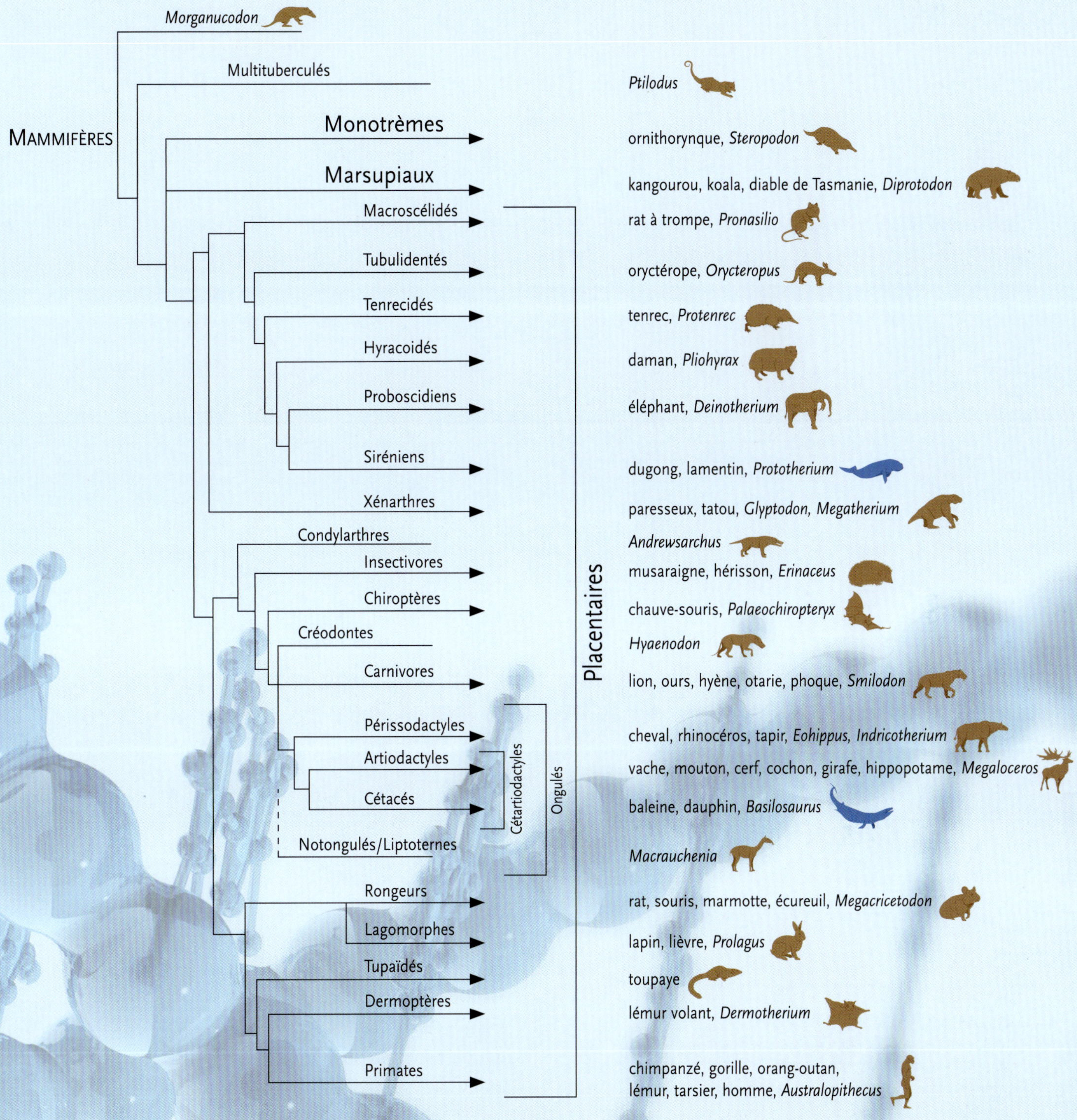

Cet "arbre généalogique" classe les mammifères les uns par rapport aux autres en fonction de leurs relations de parenté et de leurs caractères communs. Pour chaque ordre figurent des exemples choisis parmi les espèces actuelles et disparues. Les noms savants des mammifères seront abordés et expliqués tout au long de cet ouvrage.

Les monotrèmes (échidné et ornithorynque) sont des mammifères qui ont gardé des caractères très primitifs. Les femelles portent bien des mamelles pour allaiter leurs petits, mais elles pondent des œufs dans lesquels se développe l'embryon, ce qui les rapproche des reptiles.

Souvent, le nom latin des fossiles est donné en hommage à leur découvreur ou à un scientifique connu pour son travail. La gazelle *Gazella cuvieri*, par exemple, a été baptisée ainsi en référence au nom du premier paléontologue français, Georges Cuvier.

Comment naissent les fossiles

Les fossiles sont des témoignages exceptionnels du passé, car il est très rare qu'un animal ayant vécu à une époque lointaine nous parvienne sous cette forme. De nombreux processus interviennent entre le moment où il meurt et celui où le paléontologue découvre son squelette : c'est la fossilisation.

① Il y a 25 millions d'années, sur les rives d'un lac d'Asie centrale aujourd'hui disparu, *Hyaenodon* attrape un jeune *Chalicotherium*, un lointain cousin du cheval muni de longues griffes à chaque doigt. Il n'a pas mangé depuis plusieurs jours, la faim le tenaille et il dévore sa proie fraîchement tuée.

② Après ce repas bien mérité, le carnivore laisse derrière lui une carcasse à moitié dévorée qui commence à être recouverte par l'eau du lac. Les parties molles de l'animal, c'est-à-dire les poils et la chair, fragiles, sont rapidement attaquées par des bactéries qui les décomposent.

LA NATURE DES FOSSILES

Suivant le milieu dans lequel un os ou un morceau de bois va se fossiliser, le fossile sera de nature différente. Par exemple, si de l'eau riche en silicium circule dans le sédiment pendant la fossilisation, l'organisme mort peut se transformer en silice. C'est le cas du bois silicifié, célèbre pour sa beauté lorsqu'il est coupé et poli (*voir ci-contre*). Si le milieu est riche en calcium, l'os peut cristalliser en calcite, un minéral composé essentiellement de calcium.

⑧ Un jour de juillet 2008, une équipe de paléontologues passe dans la région, à la recherche des écosystèmes* disparus. Ils tombent par hasard sur les restes de *Chalicotherium*, et c'est ainsi que l'animal refait surface après bien des péripéties...

Dans l'Antiquité, bien avant que l'on connaisse le processus de fossilisation, certains fossiles étaient considérés comme des "pierres de foudre". Les gens pensaient qu'ils tombaient du ciel avec les éclairs !

En général, on ne retrouve que les parties dures d'un mammifère fossile, c'est-à-dire ses os. Mais il arrive que la peau ou les poils soient préservés, soit sous forme d'empreinte sur la roche, soit complètement, comme pour ce bébé mammouth nommé Luba et retrouvé en Sibérie au printemps 2007.

③
Très vite, les sédiments* en suspension dans l'eau, apportés par les rivières qui alimentent le lac, se déposent sur la carcasse de *Chalicotherium*. La fossilisation commence alors. L'enfouissement du corps sous les sédiments ne dure que quelques jours. C'est une grande chance pour le paléontologue, car si le cadavre était resté à l'air libre, les os auraient été détruits par le climat de l'époque et perdus à jamais.

④
Totalement recouvert par les sédiments, le squelette peut maintenant se transformer. En effet, dans son enveloppe, il est protégé des agressions extérieures et ne sera pas détruit. Pendant plusieurs milliers ou millions d'années, les os durcissent et changent de nature. Le calcium, leur principal constituant, disparaît, remplacé par d'autres minéraux : les os et le sédiment qui les entoure se transforment en roche !

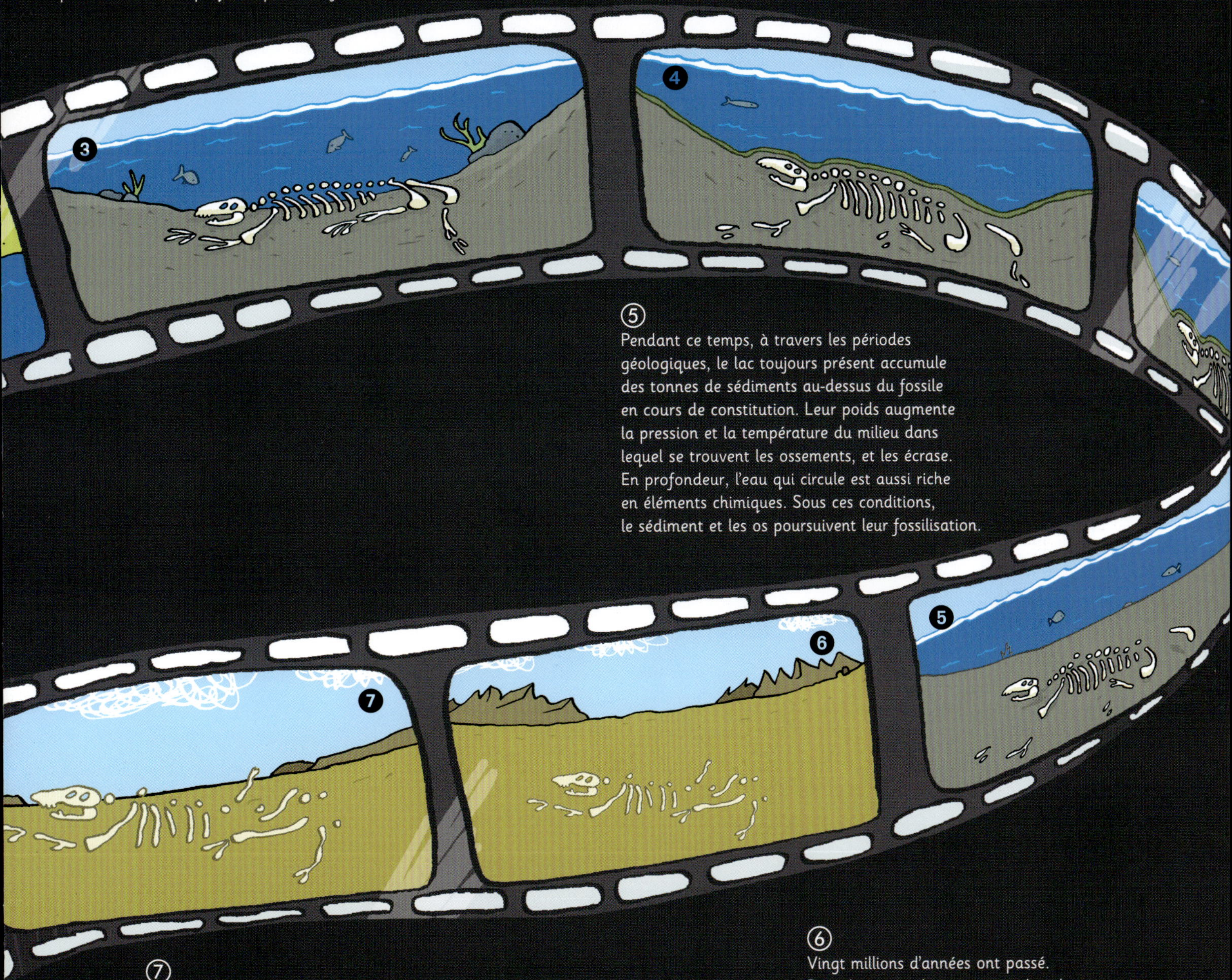

⑤
Pendant ce temps, à travers les périodes géologiques, le lac toujours présent accumule des tonnes de sédiments au-dessus du fossile en cours de constitution. Leur poids augmente la pression et la température du milieu dans lequel se trouvent les ossements, et les écrase. En profondeur, l'eau qui circule est aussi riche en éléments chimiques. Sous ces conditions, le sédiment et les os poursuivent leur fossilisation.

⑥
Vingt millions d'années ont passé. Dans la région, la tectonique des plaques (*voir p. 83*) est intense. Le lac n'existe plus, il a fait place à un grand désert où la vie est limitée.

⑦
Cinq millions d'années ont passé. Nous sommes en l'an 2000, et le désert est toujours présent. La pluie – rare mais d'une grande violence – et le vent érodent le sol. Le sédiment autrefois protecteur est progressivement décapé et laisse apparaître un morceau du crâne de *Chalicotherium*. Pendant quelques années, le fossile se retrouve à l'air libre ; il est alors dégradé par les rudes conditions climatiques. De nombreux os, qui avaient traversé 25 millions d'années, sont détruits sans laisser de trace.

Pour les fossiles vieux de plusieurs milliers d'années, l'ADN* a été détruit par la fossilisation. Cette molécule, qui contient toutes les informations génétiques définissant un être vivant, est très précieuse pour les recherches des paléontologues.

Des scientifiques pensent pouvoir utiliser l'ADN préservé de mammouths congelés en Sibérie (*voir p. 90*) pour les recréer. Une grande partie de la communauté scientifique s'oppose à cette idée, qui peut être dangereuse. On ne sait d'ailleurs pas si cela est réellement faisable.

Squelette fossilisé de *Leptictidium*.

Des fossiles extraordinaires

La découverte de sites fossiles exceptionnels aide les paléontologues à reconstituer l'histoire de la vie des mammifères. Localisés à divers endroits de la planète, ces gisements ouvrent des fenêtres sur les écosystèmes* passés.

Messel : le lac qui tue

À Messel, en Allemagne, sous le climat tropical de l'Éocène, les mammifères profitent d'un plan d'eau pour s'abreuver. Ils ignorent le danger qui les guette : des millions de bactéries empoisonneuses se sont reproduites dans les eaux du lac. *Eurotamandua*, l'un des premiers fourmiliers, s'approche pour se désaltérer. Étourdi par le poison, *Leptictidium* a déjà succombé ; il est tombé au fond de l'eau et se retrouve rapidement enseveli dans des sédiments* très fins. Cette hypothèse expliquerait la mort de milliers d'animaux autour du lac de Messel. Selon une théorie plus ancienne, c'est la libération de gaz toxiques liés à l'activité volcanique de la région qui aurait eu cet effet. La nature même de la roche, sombre et riche en matière organique, a permis la conservation de tous les détails anatomiques des animaux piégés dans le lac : texture des poils, restes de repas... Messel nous donne accès à un écosystème unique, vieux de 50 millions d'années !

Seul l'enfouissement rapide dans la glace, la tourbe (débris végétaux décomposés) ou les sédiments très fins permet de préserver les parties molles d'un mammifère, comme les poils, la chair ou le contenu de son estomac. Très rare, ce phénomène isole le cadavre de l'air, évitant ainsi qu'il ne se décompose.

On a retrouvé à Messel d'étranges mammifères sauteurs possédant une petite trompe sur le museau, nommés *Leptictidium*. Le contenu de leur estomac, très bien conservé dans les sédiments, a révélé aux scientifiques qu'ils mangeaient des insectes, des lézards et même d'autres petits mammifères.

La météorite de Steinheim

Il y a environ 15 millions d'années, une météorite s'est écrasée dans le sud de l'Allemagne sans provoquer de dégâts importants. Un lac s'est formé par la suite dans le cratère d'impact. Cet événement est à l'origine de l'un des plus beaux sites fossilifères d'Europe, le bassin de Steinheim. Plusieurs milliers de fossiles piégés dans les sédiments du lac y ont été découverts et donnent une idée précise de la faune et de la flore qui vivaient à cette époque. On a ainsi retrouvé les squelettes complets et parfaitement préservés de plus de 50 espèces de mammifères, comme celui du rhinocéros *Dicerorhinus steinheimensis* ou encore celui du redoutable félin *Pseudaelurus lorteti.*

Englués dans le goudron

Rancho La Brea est un parc situé en Californie (États-Unis) dans lequel on a noté la présence de mares d'asphalte, une substance noire et gluante proche du pétrole. Au cours des derniers 40000 ans, toutes sortes d'animaux se sont trouvés englués dans ces mares. L'asphalte a permis une bonne conservation de leurs squelettes. On a récolté 3,5 millions de spécimens et identifié près de 650 espèces animales et végétales dans ce gisement, ce qui en fait l'un des sites les plus riches au monde. Les carnivores représentent 90 % des mammifères recensés à Rancho La Brea. Parmi eux, on compte au moins 3600 squelettes de *Canis dirus* ou "chien terrible", un loup du Pléistocène. Selon les scientifiques, il chassait en bande et s'engluait en voulant attraper les proies déjà piégées dans le bitume (*voir p. 111*).

Le congélateur sibérien

Au cours des derniers 150000 ans, les mammouths laineux (*Mammuthus primigenius*) et les rhinocéros laineux (*Coelodonta antiquitatis*) parcouraient les toundras de la Sibérie et du nord de l'Europe en quête de nourriture, principalement de l'herbe. Ils avaient coutume de marcher sur plusieurs centaines de kilomètres. Ces grandes migrations les obligeaient parfois à traverser des lacs gelés recouverts d'une pellicule de glace. Lorsque la couverture cédait sous leur poids, les animaux mouraient de froid dans l'eau glacée ; c'est ainsi que l'on retrouve aujourd'hui en Sibérie de nombreuses carcasses encore congelées, couvertes de chair et de poils.

L'asphalte du parc de Rancho La Brea est remué par les gaz qui s'en échappent, provoquant la formation de bulles.

L'asphalte de Rancho La Brea est toujours actif, et il n'est pas rare que des mammifères actuels, des petits rongeurs par exemple, se retrouvent piégés comme leurs ancêtres d'il y a plusieurs dizaines de milliers d'années...

L'estomac du mammouth d'Indigirka, découvert en Sibérie, contenait encore les restes de ses derniers repas, à savoir plusieurs dizaines de kilogrammes d'herbes et de branches de pin. Les chercheurs ont ainsi estimé que les grands mammouths mâles pouvaient ingérer jusqu'à 300 kg de végétaux par jour !

Le paléontologue

On imagine volontiers le paléontologue les mains dans la poussière, occupé à tamiser le sable en quête d'une dent ou d'un os de petit mammifère… Le métier comporte cependant d'autres facettes, moins connues du public mais tout aussi passionnantes.

VOIR | LES ANIMAUX

Les premiers paléontologues des XVIIIe et XIXe siècles étaient de grands professeurs connus dans le monde entier. Pourtant, ils collectaient rarement les fossiles eux-mêmes. Souvent, des amateurs ou des ouvriers travaillant dans des carrières les trouvaient par hasard et les leur envoyaient.

Le mot fossile vient du latin *fossilis* qui signifie "tiré de la terre". Les paléontologues recherchent aussi bien des objets durs – tels que des os ou des dents – que des traces de pas, des poils ou des plumes conservés ou imprimés dans la roche.

Ces paléontologues étudient un fossile exceptionnel de bébé mammouth retrouvé congelé en 2007 dans le sol sibérien. L'animal a été conservé entier, avec sa peau et ses poils

Chercheur d'os...

Le paléontologue effectue souvent de longues randonnées pour se rendre sur un lieu de fouilles parfois difficilement accessible, qu'il a repéré au préalable sur une carte géologique. Il doit se munir du matériel indispensable pour s'orienter (boussole, GPS), creuser et prélever. Équipé d'un marteau et d'un pinceau, il casse les roches pour mieux en observer la nature, gratte les sédiments* mous et dégage des échantillons. Il rapportera ensuite au laboratoire sa précieuse récolte dans des sacs soigneusement étiquetés.

... ou médecin légiste ?

Le temps consacré aux fouilles sur le terrain reste assez court – 1 à 3 mois par an en moyenne. La plus grosse part du travail se fait au laboratoire, où le paléontologue étudie le matériel collecté. Il inspecte sous toutes les coutures les os ou les restes de mammifères et cherche à les faire parler, c'est-à-dire à comprendre à qui il a affaire pour reconstituer l'histoire de l'animal et de sa lignée*. Il rédige alors des articles qu'il publiera dans des revues spécialisées. Il participe également à des congrès, réunions au cours desquelles les chercheurs se retrouvent pour partager leurs plus récentes idées et découvertes.

Mammifère ou dinosaure, mettre au jour un squelette exige du paléontologue beaucoup de doigté et de patience !

Après avoir passé un baccalauréat scientifique, un étudiant en paléontologie suit en général une formation universitaire de 8 ans dans le domaine des sciences de la vie et de la Terre, dont fait partie sa spécialité, afin de se préparer à son futur métier.

Pour rechercher les fossiles des premiers mammifères, le célèbre paléontologue américain William Diller Matthew organisa en 1922 une expédition en Mongolie où l'on employa 126 chameaux pour porter le matériel et la nourriture nécessaires au voyage !

La vie sur la terre ferme

Si les mammifères sont présents aussi bien sur les continents que dans les océans, c'est bien sûr la terre ferme qu'ils ont colonisée le plus largement. Ils ont développé toutes les adaptations nécessaires pour profiter au mieux des différents milieux qui s'offraient à eux.

Les champions du sprint

Au cours du Cénozoïque, prairies et savanes ont progressivement envahi la plupart des continents. Ces vastes étendues sans arbres offraient peu de possibilités de se cacher. Afin de mieux échapper aux carnivores, certains herbivores sont donc devenus d'excellents coureurs. Grâce à leurs pattes plus fines et plus allongées, chevaux et gazelles ont atteint des vitesses remarquables. Tel est le cas des gazelles d'Europe au Pliocène : appelées *Gazellospira*, elles présentaient déjà les caractéristiques de leurs cousines actuelles considérées comme faisant partie des herbivores les plus rapides au monde, avec des pointes allant jusqu'à 100 km/h !

Course poursuite au Pliocène inférieur : *Gazellospira* essaie d'échapper aux griffes du félin *Acinonyx*.

La sous-espèce de cheval actuelle la plus primitive, c'est-à-dire la plus proche des ancêtres de la lignée*, est le cheval de Przewalski, du nom d'un colonel russe qui l'aurait découverte en 1881. Ce petit animal sauvage, quasi impossible à monter, a été réintroduit en Mongolie.

Il ne faut pas confondre "terrestre" et "continental". Les mammifères terrestres sont tous ceux qui existent sur la planète Terre, tandis que les mammifères continentaux n'évoluent que sur la terre ferme. Les baleines, par exemple, sont des mammifères terrestres qui ne vivent pas sur les continents.

Pour vivre heureux, vivons cachés !

Les mammifères creusent des terriers ou des cavités pour se cacher des prédateurs, s'abriter de la chaleur ou du froid, ou encore pour mettre bas dans l'intimité des galeries. Depuis très longtemps, les petits rongeurs sont passés maîtres dans l'art de ces constructions, comme le prouve la découverte des terriers fossilisés d'une souris du Miocène d'Amérique du Nord. Le grand oryctérope d'Afrique, grâce à ses doigts armés de fortes griffes, creuse lui aussi des terriers. Il y passe ses journées et sort la nuit pour chercher des termites. Les ours des cavernes aménageaient de leur côté des trous peu profonds - appelés bauges - pour passer confortablement la saison froide en hivernation ; on a retrouvé de telles cavités fossilisées dans les grottes.

En voulant aménager une bauge dans un petit couloir, un ours a découvert le crâne d'un congénère, incrusté ici dans la paroi.

Prendre de la hauteur

Pour éviter les prédateurs au sol, de nombreuses espèces de mammifères ont choisi de vivre dans les arbres. Le groupe le plus connu qui fréquente cet habitat est bien sûr celui des singes. Depuis 60 millions d'années et l'apparition du premier primate primitif, ceux-ci se déplacent aisément dans les branches grâce au développement de plusieurs caractéristiques tels leur queue préhensile (apte à agripper) et un pouce à la main et au pied dont l'orientation est très différente de celle de l'homme. Ce pouce opposable leur permet de mieux s'accrocher.

Armures et protections

Quand on n'est ni spécialement rapide ni particulièrement agile, mieux vaut être bien équipé pour affronter ses ennemis... Les tatous, par exemple, ont une carapace articulée sur tout le corps qui leur sert d'armure. *Doedicurus* (*ci-dessous*) est un représentant de ce groupe. Aussi imposant qu'une voiture et trois cents fois plus lourd que les futurs tatous, ce tatou géant vivait il y a 3 millions d'années en Amérique du Sud. Il possédait également une massue à pointes au bout de la queue. Cette arme redoutable lui servait à éloigner les carnivores qui n'auraient pas été impressionnés par son aspect de char d'assaut, ou encore à attaquer d'éventuels rivaux.

La queue de *Doedicurus* se termine par une masse d'épines osseuses dont le poids est celui d'un boulet de canon.

Les plus anciens oryctéropes, ou cochons de terre, vivaient il y a environ 15 millions d'années. Cet animal doté d'une longue tête et d'une langue fine et collante ne mange que des termites. Sa morphologie n'a pas réellement changé depuis son origine, située dans le Miocène au Kenya.

La carapace de *Doedicurus*, le tatou géant du Pliocène, était composée de plus de 2 000 plaques osseuses très épaisses, renforcées par une couche de graisse. Cette armure l'alourdissait, mais le rendait également presque invulnérable.

Les chevaux, ou la course à la vitesse

De leur origine à nos jours, de nombreuses espèces jalonnent l'histoire des chevaux. Leur groupe est devenu un modèle classique d'évolution et d'adaptation que tous les paléontologues connaissent sur le bout des doigts !

❶ *Hyracotherium*

Famille : *Equidae*
Étymologie : bête souris
Âge : Paléocène, 55 millions d'années
Lieu : hémisphère nord (forêts d'Amérique essentiellement) *Hyracotherium* est le premier représentant de la longue lignée des chevaux. Long de 60 cm de la tête à la queue, il mesurait environ 30 cm au garrot. Ses dents indiquent qu'il mangeait des feuilles tendres. Ses pattes, munies de quatre doigts à l'avant et de trois doigts à l'arrière, lui assuraient un bon équilibre sur le sol mou de la forêt.

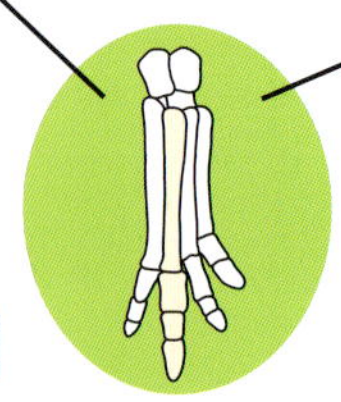

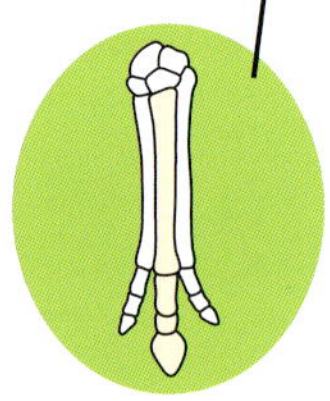

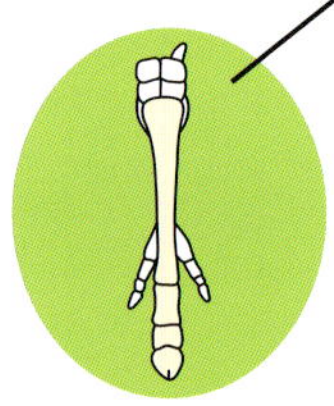

❷ *Orohippus*

Famille : *Equidae*
Étymologie : cheval de la montagne
Âge : Éocène, 45 millions d'années
Lieu : Amérique du Nord
Très proche d'*Hyracotherium* par son allure générale, *Orohippus* était juste un peu plus fin et plus grand. Contrairement à ce qu'indique son nom, il devait fréquenter les mêmes milieux que son prédécesseur.

❸ *Mesohippus*

Famille : *Equidae*
Étymologie : cheval du milieu
Âge : Éocène, 35 millions d'années
Lieu : Amérique du Nord
Mesohippus, qui mesurait environ 60 cm au garrot, est l'intermédiaire entre les chevaux primitifs et actuels, d'où son nom. À l'Éocène, les prairies ont commencé à remplacer les forêts en Amérique du Nord, faisant passer son régime alimentaire des feuilles aux herbes, qui usent davantage les dents. Pour compenser, celles-ci se sont mises à pousser en continu et sont devenues plus résistantes. Les membres de *Mesohippus* se sont allongés et affinés, lui permettant d'augmenter sa vitesse pour mieux fuir les prédateurs. Ses pattes sont passées de quatre à trois doigts.

Au cours du Cénozoïque, les chevaux se sont dispersés à travers toute la planète, passant d'Amérique en Eurasie puis en Afrique. Pour des raisons inconnues, ils ont disparu du continent américain à la fin du Pliocène. Ce sont les conquistadors qui les y ont réintroduits au XVIe siècle.

La taille des chevaux qui se succèdent au Cénozoïque augmente progressivement. C'est un caractère très commun dans l'évolution d'une lignée*. Ce phénomène se retrouve chez de nombreux groupes de mammifères. Les paléontologues l'utilisent comme un marqueur de l'évolution.

❹ Merychippus

Famille : *Equidae*
Étymologie : cheval ruminant
Âge : Miocène, 20 millions d'années
Lieu : Amérique du Nord

Merychippus commençait vraiment à ressembler au cheval actuel. Il mesurait environ 1,20 m au garrot. Ses pattes avaient trois doigts, dont celui du milieu, sans doute davantage utilisé, était plus long que les autres ; limitant la surface d'appui du cheval sur le sol, il a dû contribuer à améliorer sa course.

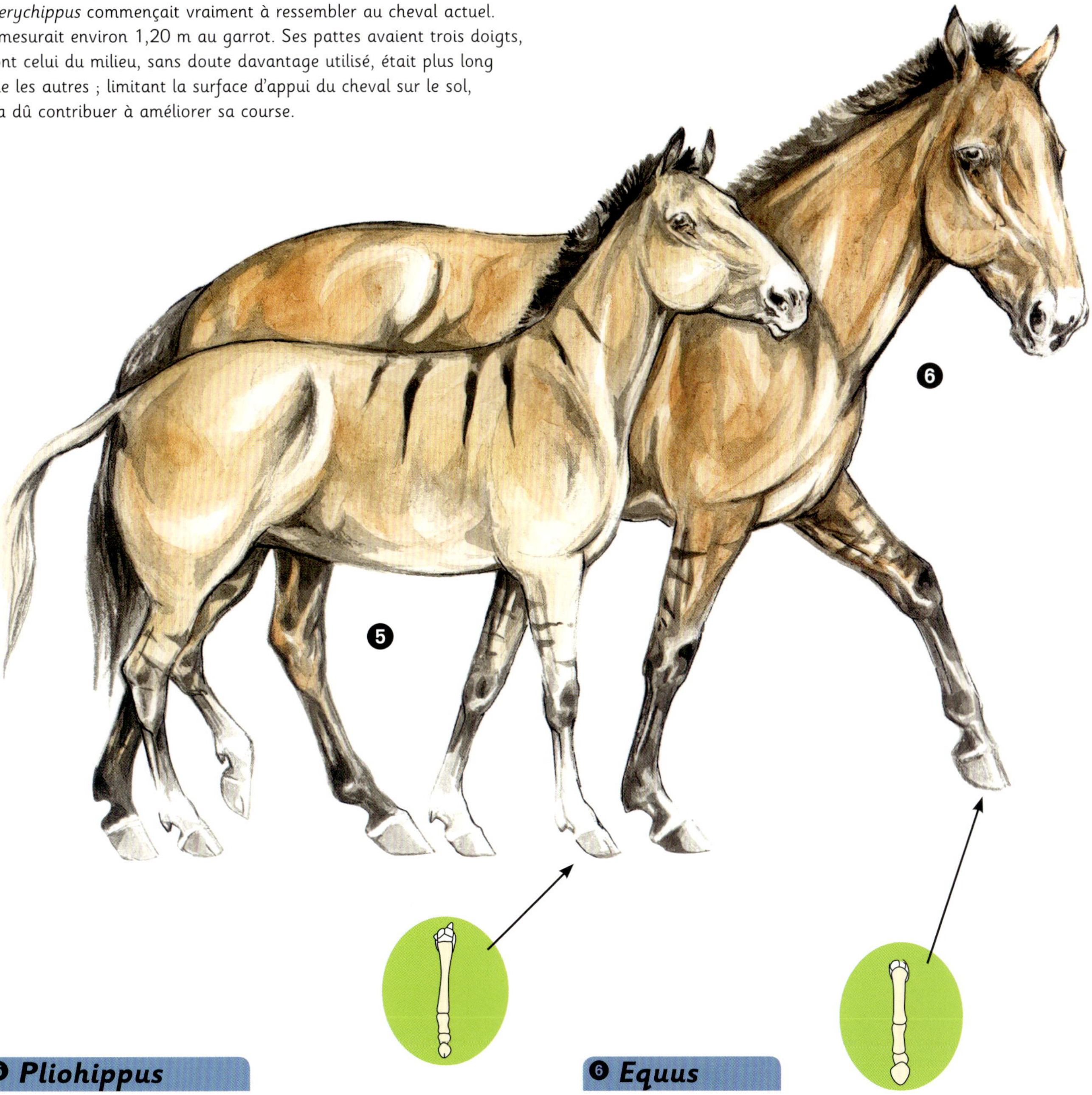

❺ Pliohippus

Famille : *Equidae*
Étymologie : cheval du Pliocène
Âge : fin du Miocène, 10 millions d'années
Lieu : Amérique du Nord

Au Miocène, les prairies se sont largement développées en Amérique du Nord. Les chevaux de l'époque sont devenus de très bons coureurs capables d'éviter les prédateurs. *Pliohippus*, quoiqu'un peu plus petit que le cheval actuel, lui ressemblait comme deux gouttes d'eau.

❻ Equus

Famille : *Equidae*
Étymologie : cheval
Âge : actuel, depuis 5 millions d'années
Lieu : monde entier

Le cheval a pour nom scientifique *Equus caballus*, mais le genre *Equus* regroupe d'autres espèces comme l'âne ou le zèbre. Aujourd'hui, tous les chevaux ont le même squelette, mais leur taille varie beaucoup d'une race à l'autre. Leurs dents ont presque la même forme et ils ne possèdent plus qu'un seul doigt aux pattes : celui du milieu.

Avant de domestiquer puis d'élever le cheval, les hommes préhistoriques l'ont beaucoup chassé. À défaut de témoignage écrit, on a mis au jour de nombreuses peintures de chevaux sur les murs des grottes qu'ils habitaient, comme celles de Lascaux ou de Chauvet.

Les scientifiques ont longtemps pensé que *Palaeotherium* de l'Oligocène d'Europe faisait partie de la lignée des chevaux, tant il leur ressemble. Il ne serait en fait qu'un cousin éloigné d'*Equus*, disparu voici 30 millions d'années. L'arbre généalogique du cheval compte de nombreuses branches mortes !

Vivre sous les eaux

Non contents d'avoir colonisé les continents et exploité toutes les niches qu'ils offraient, les mammifères ont également envahi les eaux douces des fleuves et celles salées des océans. Afin de pouvoir vivre en permanence dans ce nouveau milieu, leur squelette s'est modifié.

Le retour à l'eau

Il y a environ 400 millions d'années, des amphibiens primitifs sont sortis de l'eau pour conquérir les continents. Depuis, les paléontologues ont longtemps pensé que les premiers mammifères partis vivre dans l'eau au début de l'Éocène, vers 55 millions d'années, étaient les ancêtres des baleines. Mais un fossile récemment découvert en Chine a changé la donne. Une équipe de chercheurs a en effet mis au jour un mammifère primitif vieux de 164 millions d'années et très bien conservé : les nombreux fragments de squelette et les empreintes de poils qui entouraient le corps ont montré que l'animal possédait des caractéristiques permettant la vie en eau douce. Ils l'ont appelé *Castorocauda lutrasimilis*, "queue de castor" pour le nom de genre et "comme une loutre" pour le nom d'espèce, un choix qui illustre bien son allure proche de celle de ces mammifères actuels.

Castorocauda lutrasimilis mesurait près de 50 cm de long, dont 20 pour sa queue plate, et vivait à la fois dans l'eau et sur terre.

Le dauphin et l'*ichthyosaure* possèdent une nageoire dorsale dépourvue d'os. Les premières reconstitutions du reptile ne faisaient pas apparaître cette nageoire, car elle n'était pas fossilisée. Il a fallu attendre 200 ans avant de mettre au jour son empreinte moulée dans le sédiment* !

La nageoire caudale des dauphins et autres mammifères marins est orientée horizontalement. Ce caractère les différencie des poissons, dont font partie les requins, pour qui cette nageoire est orientée verticalement.

Pattes ou nageoires ?

Les mammifères qui vivent principalement dans l'eau - baleines, dauphins, lamantins, phoques... - sont apparus au cours du Cénozoïque. Leurs ancêtres, des quadrupèdes bel et bien terrestres, ont développé au fil du temps des adaptations à cette vie si particulière. L'une des modifications les plus spectaculaires de leur squelette est la transformation des pattes avant en "palettes natatoires" (en forme de nageoires). Il ne s'agit pas de nageoires comme chez les poissons mais bien de pattes, munies des mêmes os que celles des autres mammifères ; les phalanges, en revanche, sont devenues plus nombreuses et souvent plus allongées ou plus larges pour permettre à ces nageurs de se déplacer à la manière des poissons. Les pattes postérieures ont, quant à elles, progressivement disparu.

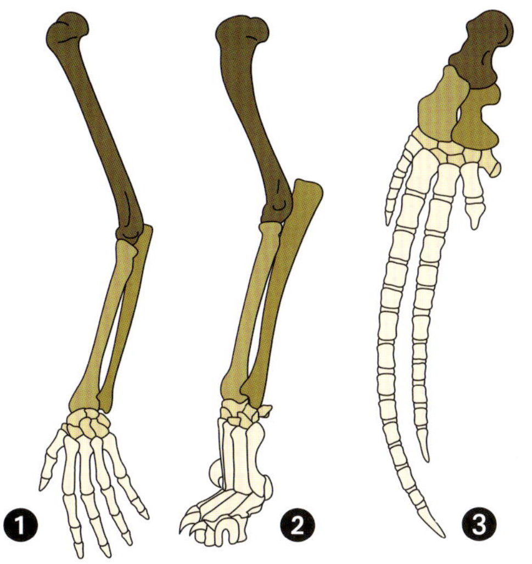

Comparaison des os des membres antérieurs chez l'homme ①, le chat ② et la baleine ③, dont les doigts sont beaucoup plus allongés.

De l'air en surface

Les mammifères amphibies accumulent l'air dans leurs poumons et doivent remonter à la surface pour respirer ; ils n'ont pas de branchies comme les poissons et ne peuvent donc pas puiser leur oxygène directement dans l'eau. Au cours de l'évolution, leurs narines se sont déplacées de l'extrémité du museau au sommet du crâne, comme on le voit actuellement chez les dauphins ou les baleines. *Rodhocetus*, un cétacé vieux de 45 millions d'années, présente un stade intermédiaire de cette évolution avec des naseaux au milieu du museau.

Évolution de la position des narines chez *Pakicetus* ①, premier représentant des cétacés encore terrestre, *Rodhocetus* ② et la baleine actuelle ③.

LÉZARD DES MERS

Au Mésozoïque, les *ichthyosaures* ① sillonnaient les océans. Ces animaux marins ressemblaient beaucoup aux dauphins actuels ②, avec leur long museau et leur corps fuselé. Pourtant, ils n'appartenaient pas au groupe des mammifères mais à celui des reptiles. *Ichthyosaures* et dauphins ont développé une morphologie presque similaire par adaptation au milieu marin ; c'est ce qu'on appelle une convergence morphologique.

Une incroyable histoire de famille

Les cétacés comptent parmi les habitants les plus célèbres des océans. De quels autres mammifères sont-ils les plus proches ? On pourrait penser que leur vie en milieu marin les lie aux pinnipèdes, le groupe des phoques. Pourtant, une série de découvertes réalisées dans les années 1990-2000 a montré que leurs plus proches parents étaient les artiodactyles, dont font partie les vaches, les cochons, les cerfs ou encore... les hippopotames, qui seraient donc leurs cousins directs ! Les scientifiques ont ainsi regroupé les artiodactyles et les cétacés sous le terme "cétartiodactyles" (*voir arbre p. 87*).

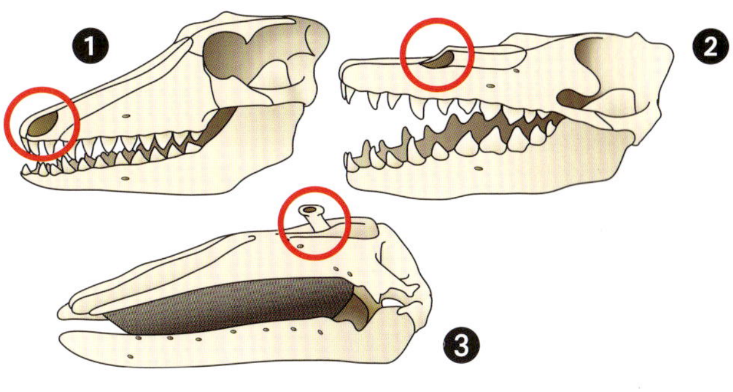

Il y a quelques années, les scientifiques pensaient que les cétacés avaient pour ancêtre un prédateur à sabots de l'Éocène, *Mesonyx*, mais les récentes découvertes remettent en cause cette hypothèse. Ces mammifères auraient pour ancêtre direct *Pakicetus*, un animal continental de l'Éocène (*voir p. 26-27*).

Les pinnipèdes, groupe auquel appartiennent les otaries, les phoques ou encore les morses, sont des carnivores. Leurs plus proches parents sont les ours, les loutres ou les fouines. Ils sont apparus il y a environ 25 millions d'années.

L'histoire des baleines

Les lointains ancêtres des cétacés étaient des animaux à quatre pattes qui vivaient sur la terre ferme. En à peine 10 millions d'années, ils se sont adaptés au milieu marin et ont pris petit à petit les formes que nous leur connaissons actuellement.

Pakicetus

Famille : *Pakicetidae*
Étymologie : cétacé du Pakistan
Âge : Éocène, 55 millions d'années
Lieu : Pakistan
Pakicetus est le premier représentant des archaeocètes, ou "baleines anciennes", qui seraient à l'origine des baleines actuelles. Cet animal poilu, avec ses quatre pattes et ses dents de carnivore, ressemblait plus à un loup qu'à un cétacé.

Ambulocetus

Famille : *Ambulocetidae*
Étymologie : cétacé qui marche
Âge : Éocène, 49 millions d'années
Lieu : Pakistan
Ambulocetus mesurait 3 m de long de la tête à la queue. Il semble qu'il était déjà bien adapté à la vie dans l'eau, mais les scientifiques pensent qu'il pouvait aussi se déplacer sur la terre ferme, quoique plus lentement. Ce redoutable prédateur avait l'allure d'un crocodile poilu.

Rodhocetus

Famille : *Protocetidae*
Étymologie : cétacé de Rodho
Âge : Éocène, 46 millions d'années
Lieu : Pakistan
Animal de transition entre les premiers cétacés terrestres et les cétacés purement aquatiques, *Rodhocetus* devait passer le plus clair de son temps dans l'eau, car son corps ressemblait déjà à celui d'une petite baleine à quatre pattes. Ses pattes arrière, un peu plus courtes que celles de ses prédécesseurs, facilitaient sans doute sa propulsion sous l'eau. On a trouvé des représentants de sa famille un peu partout dans le monde.

Pakicetus, le tout premier représentant de la famille des cétacés, fait l'objet d'un débat parmi les scientifiques. Certains pensent qu'il savait déjà nager, tandis que d'autres estiment qu'il était exclusivement continental.

La baleine bleue se nourrit presque uniquement de krill, de minuscules crevettes. Pour s'alimenter, elle engloutit des milliers de litres d'eau de mer et de plancton, qu'elle filtre ensuite en repoussant l'eau avec sa langue à travers ses fanons.

Balaenoptera

Famille : *Balaenopteridae*
Étymologie : baleine à nageoire
Âge : actuel
Lieu : monde entier

Balaenoptera musculus est notre baleine bleue actuelle, le plus grand mammifère de tous les temps ! Il existe aujourd'hui environ 80 espèces de cétacés. Une dizaine se nourrissent en filtrant l'eau grâce aux fanons ; les autres ont des dents et chassent toutes sortes d'animaux marins. Espèce menacée, la baleine bleue est aujourd'hui protégée.

Basilosaurus

Famille : *Basilosauridae*
Étymologie : roi des lézards
Âge : Éocène, 37 millions d'années
Lieu : Amérique du Nord, Égypte, Pakistan

Lorsqu'ils découvrirent *Basilosaurus*, les savants pensèrent avoir affaire à un reptile. Il s'agissait pourtant bien d'une baleine d'une vingtaine de mètres de long, aux dents pointues et effilées et à l'appétit solide. Cet animal au corps très allongé possédait deux toutes petites pattes arrière dont les scientifiques ignorent encore l'utilité.

Cetotherium

Famille : *Cetotheriidae*
Étymologie : animal cétacé
Âge : Miocène, 15 millions d'années
Lieu : océan Pacifique

C'est l'une des premières baleines sans dents. Elle se nourrissait comme les baleines actuelles du groupe des mysticètes, grâce à des fanons, sortes de lames garnies de poils qu'elle utilisait pour filtrer l'eau. Elle mesurait une douzaine de mètres de long et ne possédait plus de pattes postérieures.

La baleine bleue actuelle est le plus imposant de tous les mammifères ayant jamais vécu sur Terre. Elle peut mesurer plus de 30 m de long et peser jusqu'à 190 t, soit 2 500 fois le poids d'un homme adulte !

Les baleines n'ont plus de pattes postérieures, mais elles possèdent toujours deux petits os situés juste sous la colonne vertébrale, dans la partie arrière du corps, et non attachés au squelette. Ces os témoignent de la présence de pattes postérieures chez leurs ancêtres lointains.

L'évolution

Si, de nos jours, les mammifères sont nombreux et diversifiés, c'est le résultat de 250 millions d'années de transformations, d'adaptations, de spécialisations, d'extinctions – en résumé, d'évolution. Mais comment les espèces évoluent-elles ?

Qu'est-ce que c'est ?

L'évolution, à l'échelle des temps géologiques, entraîne l'apparition successive d'espèces, ainsi que leur adaptation au milieu de vie. Par exemple, chez les chevaux (*voir p. 96*), plusieurs espèces se succèdent à partir du même ancêtre en présentant des caractères et une allure un peu différents. Le but d'une espèce est de survivre ; pour cela, elle doit s'adapter à l'environnement et transmettre ses gènes à sa descendance en se reproduisant. Tous ces changements sont observables dans la succession des fossiles.

Comment ça marche ?

Le principal moteur de l'évolution est la sélection naturelle. Ce terme désigne tous les éléments présents dans l'environnement (tels que les changements climatiques ou les interactions avec les prédateurs) qui exercent une pression sur l'espèce au point de la modifier et d'en créer d'autres après plusieurs générations. Par exemple, quand les forêts ont cédé la place aux prairies, les ancêtres des chevaux ont dû s'adapter à la course pour échapper aux prédateurs. En effet, seul le plus rapide reste en vie ; il a alors plus de chance de se reproduire et de transmettre son aptitude à la course à ses petits.

C'est en 1859 que Charles Darwin, dans son célèbre livre *L'origine des espèces*, a proposé la théorie de l'évolution par la sélection naturelle. Cette théorie, révolutionnaire et très décriée à l'époque, est toujours valable. Elle a été démontrée, et les études récentes la précisent de plus en plus.

L'idée qu'un dieu crée les espèces telles qu'elles sont et que l'évolution n'existe pas s'appelle le créationnisme. Les fossiles, la connaissance des ancêtres et descendants d'une même lignée* sont des preuves que l'évolution est le seul mécanisme par lequel les espèces apparaissent et s'adaptent.

Que fait la sélection naturelle ?

Elle agit directement sur les gènes des êtres vivants, leur ADN* : elle retient de petits changements provoqués par le hasard, les mutations, quand ils procurent un avantage à l'individu. Bien d'autres mutations affectent les gènes et ne sont pas retenues. Si l'on regarde plusieurs individus d'une même espèce, on constate qu'ils ne sont pas rigoureusement identiques. Certains sont plus grands, d'autres ont des dents légèrement plus arrondies... c'est ce que l'on appelle la variabilité. La sélection naturelle choisit, dans cette variabilité, les individus dont certains caractères semblent plus avantageux pour un environnement particulier et à un moment donné.

Tout est-il possible ?

Chaque mammifère est "construit" selon une organisation bien définie. Tous ont des vertèbres, des pattes, un crâne et des mamelles. La sélection naturelle ne peut pas le changer, sinon on n'aurait plus affaire à un mammifère ! Par ailleurs, la sélection naturelle ne rend pas obligatoirement l'espèce meilleure en tous points, mais lui donne seulement un avantage particulier. Par exemple, le *Megaloceros* mâle (*voir p. 120*) a été doté de bois immenses par l'évolution. C'est un avantage, car il attire mieux les femelles et augmente ses chances de reproduction. Mais c'est aussi un inconvénient face aux prédateurs, ses bois le rendant plus visible. La sélection naturelle a opéré un compromis. Un caractère présent chez un mammifère n'est donc pas toujours utile à sa survie. La couleur des yeux en est un exemple.

Est-ce rapide ?

Deux hypothèses s'affrontent aujourd'hui. Selon la première, l'évolution serait progressive et graduelle : c'est une accumulation continue de petits changements sur un temps très long, qui conduit finalement à de grands changements et parfois à l'apparition de nouvelles espèces. La seconde hypothèse estime que les changements sont très rapides et séparés par de longues périodes de stabilité. Autrement dit, les espèces ne changeraient pas pendant longtemps puis, pour des raisons particulières, elles se transformeraient très vite et donneraient naissance à d'autres espèces.

Avant Darwin, l'évolution n'était pas connue. On pensait que les espèces ne pouvaient pas changer, qu'elles étaient fixes ; dans les années 1800, le plus célèbre paléontologue français de l'histoire, Georges Cuvier, en était convaincu.

Pour démontrer les mécanismes de l'évolution, on recherche les "chaînons manquants", des fossiles dont le squelette montre des caractères intermédiaires entre deux groupes distincts. *Pakicetus* en est un exemple : cet ancêtre des baleines est un quadrupède encore proche des artiodactyles (*voir p. 100*).

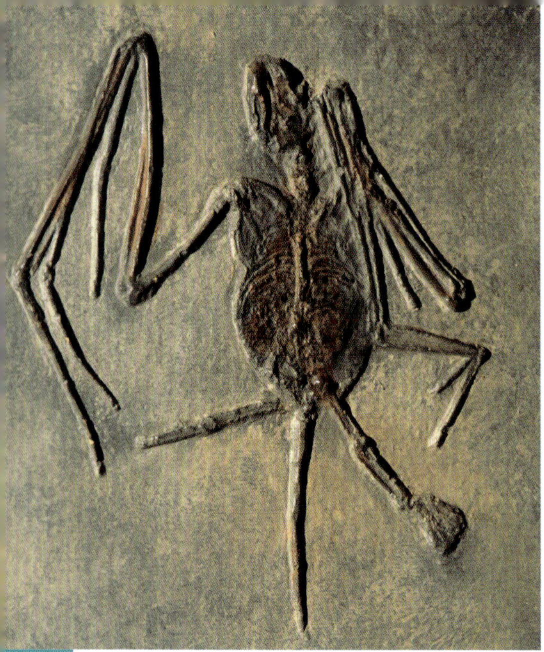

Quand ils prennent leur envol

Au petit jeu de "pigeon vole", que répondre pour les mammifères ? Aussi surprenant que cela puisse paraître, certains d'entre eux ont appris à se déplacer dans les airs en usant de toutes les astuces mises à leur disposition par la nature.

Ce fossile de chauve-souris datant de l'Oligocène montre bien les doigts très allongés de l'animal.

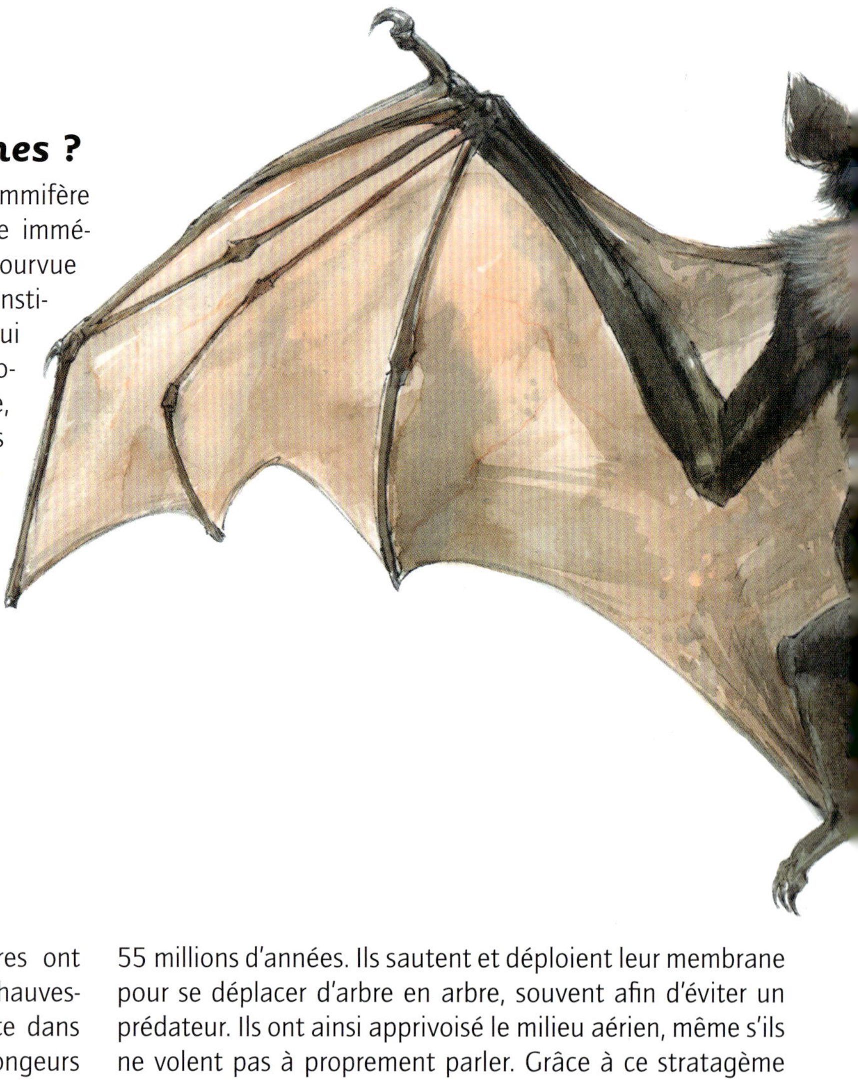

Comme un oiseau sans plumes ?

Si l'on compare l'aile de la chauve-souris, seul mammifère *réellement* volant, à celle d'un oiseau, on constate immédiatement une différence majeure : elle est dépourvue de plumes. Les ailes de la chauve-souris sont constituées d'une membrane appelée patagium, qui est en fait une extension de la peau de l'abdomen du petit mammifère. Mais dans l'ensemble, la forme de cet organe est quasi identique : tous les animaux qui volent, qu'ils soient fossiles ou actuels, ont développé à leur manière une aile triangulaire. Les doigts très allongés de la chauve-souris, entre lesquels est tendule patagium, servent en quelque sorte d'armature à la membrane (*voir dessin ci-contre*).

Planer pour survivre

Plusieurs petits mammifères vivant dans les arbres ont une membrane ventrale, un peu comme chez les chauves-souris, qui leur sert à planer et à freiner leur chute dans l'air. Il s'agit de marsupiaux (les petauridés), de rongeurs (les écureuils volants) ou encore des dermoptères, les meilleurs mammifères planeurs, dont l'origine date de plus de 55 millions d'années. Ils sautent et déploient leur membrane pour se déplacer d'arbre en arbre, souvent afin d'éviter un prédateur. Ils ont ainsi apprivoisé le milieu aérien, même s'ils ne volent pas à proprement parler. Grâce à ce stratagème très efficace, les dermoptères peuvent planer sur près de 150 m.

Les 1 100 espèces de chauves-souris actuelles représentent un cinquième de toutes les espèces de mammifères. Les scientifiques pensent qu'elles étaient aussi très nombreuses dans le passé. Mais leur squelette fragile a souvent été détruit et peu de fossiles ont été mis au jour.

Dans les années 1990, pour lutter contre une invasion de moustiques, l'université de Floride a construit un abri à chauves-souris afin d'attirer des milliers de ces petits mammifères mangeurs d'insectes. Les chiroptères ont rempli leur mission et ont mis fin à cette occupation néfaste.

Défier les lois de la pesanteur

D'autres animaux de la grande famille des mammifères ont tenté de dompter les airs, mais sans outils spécifiques. Dépourvus d'ailes ou de membrane, les gibbons, des singes d'Asie qui existent depuis environ 2 millions d'années, effectuent des sauts de branche en branche sur plus de 15 m à des vitesses dépassant 50 km/h. Ils sont aussi capables de faire des bonds de plus de 8 m sur le sol. Ces exploits sont dus à la souplesse de leurs articulations, mais leur mode de locomotion principal consiste à se déplacer dans les arbres en se suspendant par les bras.

Gibbon noir en train de s'élancer dans les airs.

Des techniques très anciennes

Le premier mammifère volant s'appelle *Palaeochiropteryx*. Comme l'indique son nom ("chiroptère ancien"), c'est la plus ancienne des chauves-souris. Elle survolait les forêts de Messel en Allemagne (voir p. 90) il y a quelque 50 millions d'années. Bien avant elle, il y a 140 millions d'années, au Jurassique, un petit mammifère avait déjà réussi à planer dans le ciel chinois à la manière des dermoptères et des écureuils volants. Les chercheurs l'ont baptisé l'"animal planeur ancien", *Volaticotherium antiquus* (*voir dessin ci-contre*). Il ressemblait à ses congénères actuels, mais n'était qu'un très lointain cousin des planeurs que nous connaissons. Il a même dû être classé dans un nouvel ordre des mammifères tant il présente de particularités !

Volaticotherium antiquus, le premier mammifère planeur, vivait au Jurassique supérieur, soit à la même époque que les premiers oiseaux. Mammifères et oiseaux ont dû s'habituer très tôt à partager l'espace aérien !

Même les plus petits vertébrés terrestres sont capables de voler : _Craseonycteris thonglongyai_, une espèce de chauve-souris, mesure 3 cm de long et pèse seulement 2 g. Elle est moins lourde qu'une balle de ping-pong !

Icaronycteris, un ancêtre de la chauve-souris

***Icaronycteris* vivait il y a environ 50 millions d'années en Amérique du Nord. Cette chauve-souris de 10 cm de long, dont les fossiles sont ceux les mieux conservés pour ce groupe de mammifères, était déjà très proche de ses descendants actuels.**

Les **ailes** sont les mêmes que celles des chauves-souris actuelles : elles sont formées du patagium, une membrane de peau parcourue de nombreuses veines, dont l'envergure atteint 35 cm.

Notre mammifère nord-américain possède une **longue queue** mesurant plus d'un tiers de sa taille totale, et qui lui sert sans doute de gouvernail dans les airs. Ce n'est pas le cas de toutes les chauves-souris : certaines n'ont qu'une toute petite queue sans grande utilité.

Les **pattes postérieures** sont très réduites ; *Icaronycteris* ne s'en sert que pour s'accrocher la tête en bas pour dormir (*voir encadré*). Cette petite chauve-souris n'est pas vraiment capable de marcher sur ses pattes arrière ; elle utilise ses quatre membres pour se déplacer sur le sol, mais ses ailes encombrantes lui donnent une allure peu assurée.

Même si l'Éocène est l'une des périodes les plus chaudes du Cénozoïque, le **corps** du petit animal est recouvert d'une toison velue, comme chez tous ses cousins mammifères.

Les chauves-souris sont séparées en deux groupes, les microchiroptères, petites et omnivores, dont fait partie *Icaronycteris*, et les mégachiroptères, de plus grande taille et frugivores. Ces dernières, en dispersant les graines des fruits, permettent aux plantes de se reproduire plus facilement.

Les chauves-souris ne donnent naissance en général qu'à un seul petit par an. Les scientifiques ignorent s'il en était de même pour *Icaronycteris* mais c'est probable, tant elle est proche de ses descendantes actuelles.

LA TÊTE EN BAS

Les chauves-souris dorment la tête en bas, mais ce comportement reste une énigme pour les scientifiques. Certains pensent que cela leur permet de s'envoler facilement en se laissant tomber de leur perchoir, et d'autres qu'elles s'accrochent ainsi pour éviter les prédateurs. Dans tous les cas, cette particularité ne leur demande aucun effort puisque les os du talon se bloquent automatiquement autour du perchoir lorsqu'elles s'installent pour dormir ou hiverner. Les chauves-souris peuvent passer jusqu'à 20 h par jour dans cette position.

Les **doigts** de la main d'*Icaronycteris* sont au nombre de cinq, et chaque doigt possède trois phalanges comme chez la plupart des mammifères. Seul le pouce est réduit à deux phalanges ; les quatre autres sont très allongés afin de pouvoir soutenir l'aile, à la manière des armatures d'un cerf-volant. Le pouce et l'index se terminent par une petite griffe.

Les **os du crâne** semblent indiquer qu'*Icaronycteris* utilisait déjà le système de sonar des chauves-souris actuelles pour se déplacer et pour chasser (*voir p. 108*). Les yeux de l'animal lui sont moins utiles que ses grandes oreilles, qui concentrent les sons perçus.

Hassianycteris magna, une chauve-souris fossile datant de l'Éocène en Allemagne et découverte à Messel, atteignait environ 50 cm d'envergure lorsqu'elle déployait ses ailes. Les plus grandes chauves-souris actuelles dépassent largement 1,50 m d'envergure !

Les chauves-souris fossiles les plus anciennes ressemblent tellement à celles que nous connaissons que l'on pense qu'elles avaient déjà le même mode de vie. Elles fréquentaient sans doute les milieux forestiers et chassaient de nuit des petits insectes.

Une palette de sens à disposition

Avec leur explosion au début du Cénozoïque, les mammifères ont occupé petit à petit tous les écosystèmes* terrestres. Leurs organes sensoriels se sont affinés et spécialisés pour mieux appréhender le monde environnant.

Grâce à son énorme front (ou melon), ce globicéphale amplifie les sons qu'il produit et qui vont se propager en direction de sa cible.

Le sonar

Appelé écholocation ou sonar biologique, ce radar naturel est utilisé par les chauves-souris et certains cétacés, probablement depuis leur origine à l'Éocène. L'animal émet des sons inaudibles pour l'oreille humaine qui rebondissent sur les objets ou les êtres vivants qu'il va croiser, puis il capte en retour les échos et les analyses. Ce système très ingénieux lui permet de localiser un obstacle, une proie ou un prédateur. Les chercheurs savent que les cétacés fossiles produisaient ces ultrasons grâce à la présence dans leur crâne d'une cavité qui contenait un liquide dense permettant de moduler les sons émis. Les cétacés actuels qui utilisent le sonar possèdent toujours cet organe, nommé melon.

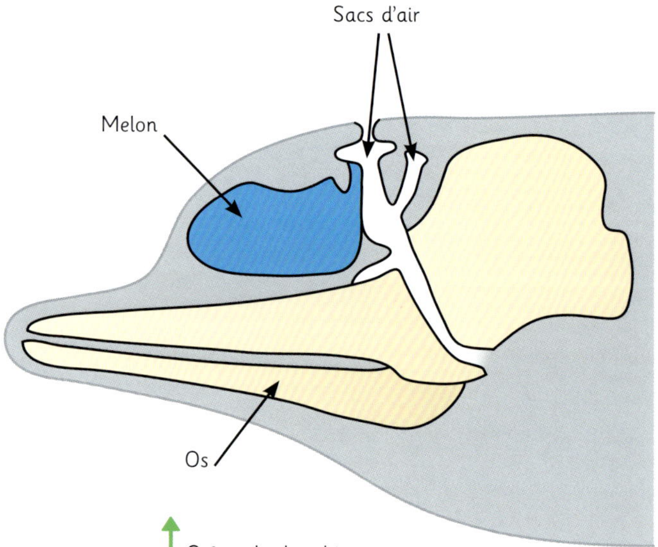

Crâne de dauphin.

Schéma de fonctionnement du sonar du dauphin.

Il est difficile d'évaluer les capacités sensorielles des mammifères fossiles. Seule la découverte d'un crâne complet permet d'étudier les sens, or une telle situation est très rare. On procède donc par comparaison avec les descendants vivant actuellement.

Certains dauphins sont capables de produire jusqu'à 600 ultrasons par seconde. Les chauves-souris quant à elles peuvent produire jusqu'à 200 ultrasons par seconde lorsqu'elles chassent. L'étude des crânes de leurs ancêtres révèle des performances équivalentes.

Des yeux hors norme

La vision est un sens particulièrement important pour les mammifères ; il leur permet de scruter leur milieu soit pour trouver de la nourriture, soit pour éviter les prédateurs. À l'Éocène, les tarsiers, des lémuriens minuscules, avaient sans doute une vision nocturne exceptionnelle. Les chercheurs ont en effet constaté que le crâne du tarsier fossile *Necrolemur*, l'un des premiers représentants de la famille, possédait des orbites énormes ; celles-ci pouvaient loger des yeux puissants permettant de voir dans le noir (*voir dessin ci-dessous*).

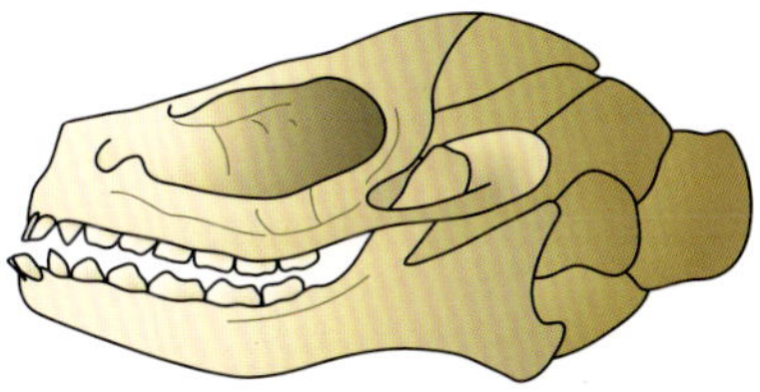

Cette adaptation s'est poursuivie au cours de l'évolution du groupe, et les tarsiers actuels comptent parmi les mammifères aux yeux les plus développés (*photo ci-dessous*).

Un toucher sensible

Le aye-aye est un primate lémurien de Madagascar qui ne ressemble à aucun autre. Son régime alimentaire est composé de fruits et de larves. Pour déloger ces larves cachées sous l'écorce des arbres, il a développé dès le Pléistocène une technique très spécialisée : avec le troisième doigt de sa main, beaucoup plus fin et jusqu'à trois fois plus long que les quatre autres, il tapote les troncs d'arbres ! Grâce à son extraordinaire sens du toucher, il est capable de sentir un creux indiquant la présence d'une larve d'insecte. Il arrache alors l'écorce du tronc avec ses dents et va chercher la larve avec ce même doigt long et fin, adapté à la taille des galeries creusées par l'insecte !

À l'écoute du monde

La plupart des animaux sauvages ont une ouïe très fine qui leur permet d'entendre des infrasons ou des ultrasons. Cette caractéristique, largement développée chez de nombreux groupes, existe sans doute depuis leur origine. Chez certains canidés fossiles comme les renards du désert proches du fennec, on a découvert la présence sur le crâne de deux structures osseuses hyperdéveloppées, grâce auxquelles l'animal entend tous les sons de son environnement. On appelle ces structures des bulles tympaniques, en raison de leur forme globuleuse et de leur fonction d'écoute.

Les taupes existent depuis la fin de l'Éocène. Elles sont aveugles, car adaptées à la vie souterraine sans lumière. Elles compensent ce manque par un odorat surpuissant grâce auquel elles s'orientent et chassent les insectes dont elles se nourrissent.

Teilhardina asiatica est un petit primate de l'Éocène (*voir p. 142*). L'étude de son crâne a permis aux scientifiques de montrer qu'il devait avoir des vibrisses bien développées. Ces poils, plus connus sous le nom de moustaches chez le chat, l'aidaient à sentir son environnement pour se déplacer et pour chasser.

Pas d'œuf, c'est décidé ! Quoique...

La plupart des bébés mammifères se développent dans le ventre de leur mère, enveloppés dans une poche, ce qui constitue un changement important dans l'évolution animale. Mais cela n'exclut pas d'autres modes de reproduction...

L'échidné est un mammifère monotrème d'Australie qui existe depuis le Miocène et pond des œufs. La mère place ensuite son œuf dans sa poche ventrale où le petit, une fois né, continuera de se développer.

De l'œuf à la poche

Le mode de reproduction le plus ancien chez les animaux vertébrés est la ponte des œufs. Le fœtus se développe alors à l'extérieur du corps maternel, dans l'œuf. Les reptiles, par exemple, procèdent ainsi depuis des centaines de millions d'années. Chez les mammifères dits "placentaires", dès le début de leur lignée* au Trias, la mère porte ses petits dans son ventre, dans une poche délimitée par une membrane, le placenta. Pour d'autres mammifères, les choses se passent différemment avant la naissance : les monotrèmes, représentés aujourd'hui par l'ornithorynque et les échidnés, pondent des œufs comme leurs lointains cousins reptiles. Chez les marsupiaux (kangourous, koalas, etc.), les petits naissent dans un état de développement très incomplet et grandissent ensuite hors de l'utérus maternel, dans une poche extérieure placée sur l'abdomen de la mère (*voir p. 112-113*). Ces trois groupes de mammifères sont les seuls animaux à allaiter leurs petits une fois nés.

Femelle *Hipparion* allaitant son petit.

Les nouveaux-nés des marsupiaux sont allaités par leur mère dans la fameuse poche ventrale. Après 5 semaines à peine de croissance *in utero*, ils se fixent sur une mamelle dans la poche et sont ainsi nourris jusqu'à ce qu'ils soient assez grands et résistants pour en sortir.

La discipline qui étudie les traces de pas et les empreintes s'appelle l'ichnologie. Elle apporte beaucoup d'informations sur la vie des animaux disparus, leur façon de se tenir, de se déplacer, leur vitesse, leur milieu de vie, le nombre d'individus présents dans un groupe...

LA CONSERVATION DE L'ESPÈCE

En général, les grands mammifères comme les éléphants ou les girafes n'ont qu'un petit tous les trois, quatre ou même cinq ans, alors que certains mammifères comme les rongeurs peuvent en avoir plusieurs dizaines par an. Ces deux comportements correspondent à des stratégies bien différentes : chez les premiers, la femelle s'occupe longtemps de son petit qui atteint l'âge adulte assez tard. Cette technique permet de limiter la mortalité des jeunes et de perpétuer l'espèce. Chez les seconds, la femelle allaite les petits et s'en sépare rapidement. Ils deviennent plus vite autonomes. Beaucoup mourront avant l'âge adulte, mais l'espèce perdurera grâce au nombre.

Le bison, attiré par une mare d'eau peu profonde, s'est fait piéger dans la couche d'asphalte ramollie par la chaleur. En l'attaquant, certains de ses prédateurs vont connaître le même sort...

Tous pareils... au début

Tous les mammifères, et plus largement les vertébrés, passent par les mêmes stades de croissance : embryon, fœtus et nouveau-né. À l'état d'embryon, étonnamment, ils ont tous – même l'homme – une allure de têtard, avec une grosse tête et une queue. Cette découverte a constitué une avancée considérable dans l'étude de l'évolution : les premières étapes de développement sont similaires dans de nombreux groupes ; puis, au cours de la croissance de l'embryon, chacun évolue vers son identité propre.

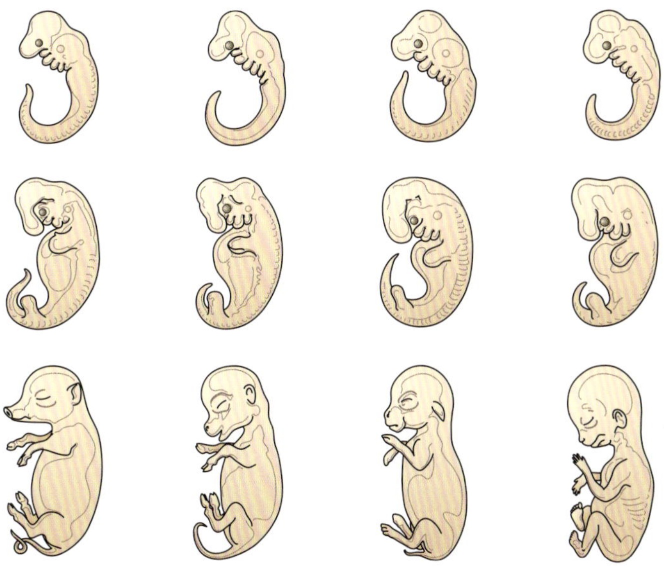

Les stades de croissance de l'embryon chez différentes espèces de mammifères.

Vivre et mourir ensemble

De nombreux mammifères actuels vivent en groupes rassemblant des adultes et des petits. Comment savoir s'il en était de même pour les mammifères disparus ? L'accumulation en un même lieu d'ossements fossiles appartenant à plusieurs individus de la même espèce fournit un indice dans ce sens. À Rancho La Brea, le site pléistocène d'Amérique du Nord qui a piégé de nombreux mammifères dans le goudron (*voir p. 91*), on a découvert des squelettes de loups par paquets. Les chercheurs pensent que ces carnivores chassaient en meute et attaquaient les herbivores déjà enfouis dans l'asphalte visqueux. À l'issue de ces chasses périlleuses, ils se retrouvaient engloutis tous ensemble dans le goudron.

Le plus ancien monotrème, et donc le premier mammifère pondeur d'œuf date d'environ 100 millions d'années. Il s'appelle *Steropodon* ; son nom signifie "dent brillante", car le premier fossile découvert était une dent constituée d'opale, un minéral très brillant.

Certains sites exceptionnellement bien préservés aident à comprendre les modes de reproduction des mammifères fossiles. Le gisement de Messel, par exemple (*voir p. 16*), a livré des fossiles de *Propalaeotherium*, un animal proche des chevaux, avec des embryons dans le ventre !

C'est dans la poche : les marsupiaux fossiles

Les petits marsupiaux naissent très tôt et poursuivent leur développement dans une poche située sur l'abdomen de la mère. Le tableau de famille ci-dessous rassemble les espèces fossiles les plus étonnantes, qui ont vécu sur tous les continents.

Sinodelphys

Famille : pas encore nommée...
Étymologie : marsupial primitif chinois
Âge : Crétacé inférieur
Lieu : Chine
C'est le premier marsupial connu ; il est même tellement ancien que les scientifiques s'interrogent encore sur son appartenance à ce groupe. *Sinodelphys* mesurait 15 cm de long de la tête à la queue et pesait environ 30 g. Ses membres de grimpeur indiquent qu'il fréquentait souvent les arbres.

Thylacosmilus

Famille : *Thylacosmilidae*
Étymologie : sabre à étui
Âge : Miocène
Lieu : Amérique du Sud
Ce marsupial prédateur possédait des canines en forme de sabre, comme le célèbre *Smilodon*, mais celles-ci reposaient sur deux étuis osseux pointant vers le bas. Ces étuis protégeaient les canines lorsque l'animal gardait la gueule fermée.

Diprotodon

Famille : *Diprotodontidae*
Étymologie : deux dents principales
Âge : Pléistocène
Lieu : Australie
Diprotodon, le plus grand marsupial de tous les temps, est parfois appelé "wombat géant". Beaucoup plus imposant que le wombat actuel, il mesurait 2 m au garrot et pesait 2 t, contre 1 m de long et environ 30 kg pour son descendant ! *Diprotodon* raffolait de feuilles et d'herbes qu'il trouvait dans la savane arborée australienne ; *Thylacoleo*, le lion marsupial, était son seul prédateur.

Diprotodon existait encore quand les premiers hommes, les aborigènes, sont arrivés en Australie. Sur ses os, on a retrouvé des traces de coupures faites par l'homme. *Diprotodon* figurait donc peut-être au menu des peuples primitifs australiens...

De tous temps, les marsupiaux ont occupé la plupart des milieux qui s'offraient à eux : l'herbivore *Diprotodon* vivait dans les savanes arborées, le carnivore *Thylacosmilus* dans les grandes plaines, tandis que le koala folivore (mangeur de feuilles) habite les forêts actuelles d'Australie.

Procoptodon

Famille : *Macropodidae*
Étymologie : museau court
Âge : Pléistocène
Lieu : Australie
Procoptodon est le plus grand kangourou ayant existé. Il mesurait 3 m de haut pour un poids d'environ 230 kg, et constituait une proie de choix pour le lion marsupial !

Thylacoleo

Famille : *Thylacoleonidae*
Étymologie : lion à étui
Âge : Pliocène - Pléistocène
Lieu : Australie
C'est le fameux lion marsupial. Les chercheurs, impressionnés par la forme de ses dents et par la robustesse de sa mâchoire, ont mesuré sa puissance de morsure, qui s'est révélée supérieure à celle du lion ou de la hyène actuels ! Cet étrange animal savait aussi rentrer ses griffes à la manière des félins. Ces caractéristiques associées en font le carnivore le plus spécialisé de tous les temps.

Euryzygoma

Famille : *Diprotodontidae*
Étymologie : grosse pommette
Âge : Pliocène
Lieu : Australie
Ce marsupial d'allure très particulière, long de 2 m environ, pouvait facilement être confondu avec un ours. Il portait toutefois sur les joues deux protubérances osseuses. On ignore si elles servaient à stocker de la nourriture, à faire résonner ses cris ou encore à impressionner ses congénères.

En se fondant sur le mode de reproduction des marsupiaux actuels, les scientifiques pensent que leurs ancêtres donnaient naissance à 1 ou 2 petits par portée. Chez le kangourou, dès qu'un petit est né, la mère peut rapidement en avoir un second, avant même que le "grand frère" ait quitté la poche protectrice !

Les marsupiaux ont presque disparu d'Amérique du Sud il y a environ 4 millions d'années, lorsque les animaux nord-américains ont pu migrer vers le sud du continent. Les vainqueurs de la compétition entre les espèces ont été les mammifères placentaires tel *Smilodon*, dont les petits étaient plus vite autonomes.

Armés jusqu'aux dents

Certains mammifères, comme les baleines à fanons, n'ont pas de dents. Les autres ont des dents de taille et de forme variables pourvues d'une racine et dont la partie visible, appelée couronne, est recouverte d'émail. Produit de l'évolution, cette grande diversité est liée aux habitudes alimentaires des uns et des autres.

Ces dents d'ours des cavernes et de lion des cavernes ont été découvertes dans des grottes en Ardèche.

Quand les dents parlent

Chez les mammifères, la forme des dents est typique du régime alimentaire. Il est ainsi très facile de distinguer une dent de carnivore d'une dent d'herbivore : les carnivores ont, sur chaque mâchoire, deux dents que l'on appelle des carnassières (à ne pas confondre avec les canines !) : effilées comme des rasoirs, elles se sont développées à partir des premières molaires et servent à découper la viande. Les herbivores, quant à eux, présentent souvent des couronnes à la surface aplatie qui leur permettent de broyer les plantes. Aucun mammifère n'échappant à cette règle, c'est grâce aux dents que le paléontologue reconstitue le menu des animaux disparus. On s'est ainsi rendu compte, grâce à leurs petites dents triangulaires et pointues, que les premiers mammifères, comme *Jeholodens* du Jurassique de Chine, mangeaient surtout des insectes ; on dit qu'ils étaient insectivores.

Les dents des mammouths servent de surface de broyage pour écraser les végétaux.

Sur cette mâchoire de lion des cavernes, on voit bien la canine très grosse et pointue à une extrémité, et la carnassière à double pointe et à la surface tranchante à l'autre bout.

Les mammifères ont des dents de taille très variable : celles des plus petits mammifères mésozoïques peuvent mesurer moins de 0,5 mm et sont invisibles à l'oeil nu. Au contraire, une molaire de mammouth peut atteindre plus de 20 cm de long, et les plus grandes incisives 4 m !

De leur naissance à leur mort, les incisives des rongeurs et des lapins – les deux dents situées le plus en avant de la mâchoire – poussent de manière continue. Si elles restent de la même taille, c'est parce que ces animaux les usent en frottant leurs incisives supérieures contre celles de la mâchoire inférieure en mangeant.

Des animaux broyeurs

La plupart des chevaux fossiles possédaient des dents à surface plate idéales pour broyer la nourriture. Herbivores, ils ne mangeaient que des plantes et écrasaient les végétaux (feuilles, herbes ou graines) en frottant leurs dents supérieures contre les dents inférieures. Plus la nourriture était difficile à broyer, plus elle nécessitait des couronnes aplaties. L'herbe étant plus dure à écraser que les feuilles d'arbres et donc plus abrasive, *Hipparion*, un cheval du Miocène et du Pliocène consommateur d'herbe, avait une surface dentaire assez plate, tandis qu'*Anchitherium*, un cheval mangeur de feuilles qui fréquentait la forêt, avait des dents plus arrondies (*voir p. 96-97*).

Gare aux sabres !

On identifie souvent les carnivores fossiles à leurs canines longues et pointues comme des sabres. L'exemple de *Smilodon* est le plus souvent cité. Il n'utilisait pas ces dents pour manger, mais plutôt pour tuer. Grâce à ses pattes larges et munies de griffes rétractiles, il immobilisait sa proie, puis il tuait l'animal capturé en plantant ses canines dans sa gorge. D'autres mammifères plus inoffensifs arboraient également ce type de canine démesurée, tels les mâles du petit ruminant herbivore du Miocène *Dremotherium*, proche des cervidés (*dessin ci-dessus*). Dans son cas, les canines en forme de sabre servaient probablement à impressionner les autres mâles et à conquérir les femelles.

MANGER UTILE

Contrairement aux reptiles, tous les mammifères ont le sang chaud : leur corps garde une température constante qui leur permet d'être actifs en permanence, de jour comme de nuit. La nourriture qu'ils consomment les alimente en énergie : c'est en quelque sorte l'essence du moteur des mammifères !

Pas difficile

Certains mammifères mangent de tout, viande ou plantes ; ce sont les omnivores. Ce régime alimentaire existe lui aussi depuis l'origine de ce groupe. Il s'accompagne d'une forme de dents particulière, ni pointues ni très plates. La surface des dents montre des cônes arrondis grâce auxquels l'animal arrache et broie sa nourriture. *Entelodon*, un cochon de l'Oligocène qui mesurait jusqu'à 2 m au garrot, en possédait. Les scientifiques pensent qu'il se nourrissait de végétaux mais aussi de viande. Peut-être mangeait il des carcasses. Il ne se servait de ses canines et incisives impressionnantes qu'en cas de combat avec d'autres mâles.

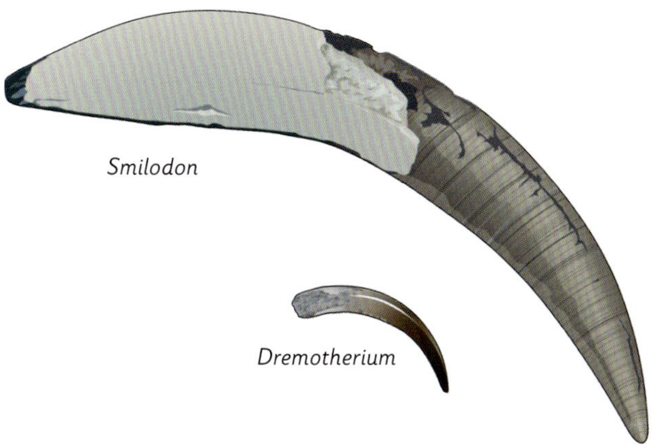

Les plus grands mâles *Smilodon* possédaient des canines de presque 30 cm de long. *Dremotherium*, quant à lui, avait des canines bien plus fines et délicates, d'une dizaine de centimètres de long.

Les ours et leurs ancêtres sont des carnivores ; ils possèdent donc des carnassières sur chaque mâchoire mais, contrairement aux autres carnivores, elles ne sont pas aussi tranchantes, car ils ne mangent pas que de la viande. Certains, comme les pandas actuels, se nourrissent même seulement de plantes.

Protictis est le premier vrai carnivore. Découvert dans les années 1910 par le célèbre paléontologue William Diller Matthew, il vivait au début du Paléocène en Amérique du Nord et ressemblait beaucoup à une belette actuelle.

Megatherium, la bête géante

Au Pliocène et au Pléistocène, sur le continent américain, vivait un mammifère aux dimensions hors norme : *Megatherium*. Sa taille faisait de ce représentant du groupe des paresseux, réputés lents et calmes, un animal quasi invulnérable…

La découverte de carapaces retournées de tatous géants a laissé penser aux scientifiques que seul un animal doté de la force de *Megatherium* pouvait accomplir un tel exploit, étant donné le poids des carapaces. Ainsi serait née l'hypothèse (non vérifiée) du paresseux géant prédateur ou charognard…

Comme tous les mammifères, le paresseux géant était couvert de poils. Sa toison particulièrement épaisse est une caractéristique que l'on retrouve chez ses plus proches parents actuels, les paresseux et les fourmiliers. Elle a donné son nom à l'ordre auquel ceux-ci appartiennent : les *Pilosa*.

Une anatomie remarquable

Avec une longueur de 6 m de la tête à la queue et un poids de 3 à 4 t environ (soit deux fois la taille d'un éléphant actuel pour le même poids), *Megatherium americanum* est l'un des mammifères les plus imposants et les plus lourds de tous les temps. Il est aussi l'un des plus grands représentants de l'ordre des mammifères placentaires (*voir p. 110*). Dressé sur ses pattes postérieures, il atteignait facilement les feuilles des arbres, qui composaient l'essentiel de son menu, et pouvait aussi impressionner ses prédateurs. Il se servait probablement de sa queue comme d'une "béquille".

Des armes... ou des outils

Les chercheurs pensent que l'animal utilisait ses pattes antérieures, massives et musculeuses, principalement pour se nourrir. Certaines traces de pas fossilisées indiqueraient qu'il marchait surtout sur ses pattes arrière. Sa démarche devait être curieuse, car la présence de griffes l'empêchait de poser ses pieds à plat sur le sol... Comme chez certains de ses descendants – les paresseux actuels –, les doigts et les orteils de *Megatherium* se terminaient en effet par d'énormes griffes. Elles lui permettaient d'attraper les branches des arbres et de les rabattre vers sa gueule afin de se nourrir des feuilles les plus nutritives. Selon une autre hypothèse, il aurait utilisé ses griffes comme des couteaux pour découper la chair d'animaux, tel le tatou géant *Glyptodon*. Mais ce comportement de prédateur est encore loin de faire l'unanimité parmi les scientifiques.
La mâchoire de *Megatherium* ne ressemble à aucune autre chez les mammifères. On suppose, d'après sa profondeur, que *Megatherium* avait une longue langue avec laquelle il attrapait les feuilles, un peu à la manière des paresseux actuels. Chacune de ses dents, assez simple, présentait deux lames parallèles servant à découper les végétaux. Autant d'adaptations qui témoigneraient d'un régime herbivore.

Il existe huit espèces de *Megatherium*. La plus ancienne a été retrouvée en Bolivie (Amérique du Sud) et daterait du Pliocène. C'est aussi la plus petite de toutes, avec une taille d'environ 2 m de la tête à la queue pour environ 1,5 t.

D'après une légende sud-américaine, des spécimens de *Megatherium* vivraient encore dans les forêts brésiliennes. Les scientifiques pensent que l'origine de ce mythe remonte à plus de 10 000 ans, lorsque les hommes chassaient les derniers paresseux géants.

Les ruminants, des herbivores efficaces

Les ruminants, nés au début de l'Éocène en Asie, ont inventé un système de digestion très efficace : leur estomac, composé de plusieurs poches dont le rumen (qui est à l'origine de leur nom), permet à ces mammifères d'extraire le maximum d'énergie de leur nourriture.

Procervulus

Famille : *Cervidae*
Étymologie : premier cerf
Âge : Miocène, 20 millions d'années
Lieu : Asie, Europe

Procervulus est l'un des plus anciens représentants de la famille des cervidés. Il y a 20 millions d'années, il était l'un des animaux les plus présents en Europe et en particulier en France. Il mesurait à peine plus de 50 cm au garrot et ses bois, de quelques centimètres de long, étaient très réduits. On a retrouvé jusqu'à plusieurs milliers de dents fossilisées de *Procervulus* dans certains gisements du Miocène, ce qui indiquerait qu'il vivait en troupeaux.

Archaeomeryx

Famille : *Leptomerycidae*
Étymologie : ruminant ancien
Âge : Éocène, 45 millions d'années
Lieu : Mongolie

Archaeomeryx est le ruminant le plus ancien, dont on n'a trouvé trace qu'en Mongolie. Grâce à la découverte de squelettes presque complets, on s'est rendu compte qu'il s'agissait d'un petit animal de la taille d'un lapin, mais possédant toutes les caractéristiques qui unissent les ruminants actuels à leurs ancêtres disparus (pattes à sabots, denture*...).

LA RUMINATION

Les ruminants ingèrent la nourriture prémâchée et la digèrent une première fois dans la panse (le rumen) où elle fermente. Elle passe ensuite par la deuxième chambre de l'estomac, qui la divise en petites portions. Celles-ci sont alors régurgitées par l'animal, re-mâchées et digérées de nouveau dans les deux dernières chambres de l'estomac. La nourriture achève de s'y décomposer avant de passer dans les intestins. Ce système permet d'exploiter toute la valeur nutritive de l'herbe broutée.

On compte environ 200 espèces de ruminants actuels, dont près des trois quarts appartiennent à la famille des bovidés, et encore davantage d'espèces fossiles. Les bovidés regroupent les gazelles et autres antilopes, les vaches et les bisons, les chèvres, les moutons, les chamois et les mouflons.

Les chameaux, les dromadaires ou encore les lamas, bien qu'ils ruminent eux aussi leur nourriture, ne sont pas classés parmi les ruminants. Leur estomac est en effet divisé en trois chambres et non quatre, et ils possèdent une incisive unique sur la mâchoire supérieure contre plusieurs chez les ruminants.

Micromeryx

Famille : *Moschidae*
Étymologie : ruminant minuscule
Âge : Miocène, 15 millions d'années
Lieu : Asie, Europe

La famille des moschidés ne compte actuellement que cinq espèces qui vivent toutes en Asie, la plus répandue étant le cerf porte-musc. Pourtant, au Miocène, elle était l'une des mieux représentées. *Micromeryx*, dont le poids ne dépassait pas 10 kg, possédait des canines allongées qui servaient aux mâles à intimider leurs adversaires à la saison des amours. Les descendants actuels présentent toujours cette caractéristique qui surprend chez cet herbivore inoffensif. Contrairement aux autres ruminants, les moschidés ne portent ni bois ni cornes.

Antilocapra

Famille : *Antilocapridae*
Étymologie : chèvre antilope
Âge : Pléistocène - actuel
Lieu : Amérique du Nord

Une famille très particulière pose toujours problème aux paléontologues et aux biologistes. Les *Antilocapridae*, dont *Antilocapra americana* ou pronghorn est le seul représentant actuel, existent depuis 16 millions d'années. Leurs cornes, proches de celles des bovidés mais ramifiées comme chez les cervidés (*voir p. 120-121*), les rendent difficiles à classer par rapport à ces deux familles. *Antilocapra* est le deuxième mammifère terrestre le plus rapide après le guépard d'Afrique. Sa vitesse (jusqu'à 85 km/h !) lui permet d'échapper aux prédateurs tel le lion d'Amérique.

Palaeotragus

Famille : *Girafidae*
Étymologie : antilope ancienne
Âge : Miocène, 20 millions d'années
Lieu : Afrique, Asie, Europe

À la même époque que les premiers cervidés, les ancêtres de la girafe parcouraient les savanes d'Afrique. *Palaeotragus* est l'un de ces ruminants aux cornes courtes et poilues et aux canines en forme de lobes qui caractérisent la famille des girafidés. Il mesurait environ 3 m au garrot. Son nom montre que les chercheurs ont d'abord pensé qu'il s'agissait d'une antilope, et donc d'un bovidé.

Gazella

Famille : *Bovidae*
Étymologie : gazelle
Âge : Miocène, 22 millions d'années - actuel
Lieu : Afrique, Asie, Europe

Depuis plus de 20 millions d'années, la gazelle porte le même nom, *Gazella*. La morphologie des premières gazelles fossiles trouvées en Afrique ressemble en effet tellement à celle de leurs descendantes que les chercheurs leur ont donné le même nom de genre. Ce dernier regroupe plusieurs espèces qui se sont succédé au cours du temps pour aboutir à une vingtaine d'espèces actuelles.

Les ruminants actuels comptent cinq familles : les cervidés (cerf, daim...), les bovidés, les girafidés (girafe et okapi), les moschidés (cerf porte-musc) et les antilocapridés (le pronghorn d'Amérique du Nord). Toutes ces familles ont pour ancêtre commun *Archaeomeryx*.

L'un des premiers fossiles de girafe datant du Miocène et découvert en Afrique en 1973 a été baptisé *Zarafa*, "la charmante" en arabe. Ce mot désigne également, dans cette langue, la girafe actuelle. Les longs cils de l'animal ne sont sans doute pas étrangers à ce double sens...

Cornus et biscornus

Vaches, chèvres, mouflons, caribous... Les bêtes à cornes ne manquent pas dans la grande famille des mammifères. Les premiers ruminants, pourtant, n'étaient pas nécessairement cornus. D'autres mammifères, plus inattendus, arboraient quant à eux de curieux appendices.

Les bois des cervidés

Du début du Miocène à nos jours, les bois des cervidés se sont transformés. Les premières formes étaient simples, de petite taille et très peu ramifiées, comme chez *Lagomeryx*. Puis les bois se sont divisés et ont atteint des tailles parfois impressionnantes. Chez le plus grand cervidé actuel, l'orignal, ils mesurent jusqu'à 2 m d'envergure. Une telle évolution a rendu les cervidés plus visibles pour les prédateurs et donc plus vulnérables, mais leurs bois majestueux ont aussi fait d'eux des mâles plus attractifs pour les femelles.

Les cornes des bovidés

Au Miocène, les bovidés étaient dépourvus de cornes, ou n'en avaient que de très petites, tel *Eotragus*, la première antilope. Peu à peu, ils ont développé de plus grands appendices, probablement dans un but reproductif. À la différence des bois des cervidés, les cornes sont restées simples mais leur courbure pouvait varier d'une famille à l'autre : celles de *Gazellospira*, une antilope du Miocène, étaient longues, entortillées et peu courbées. L'aurochs, un boeuf du Pléistocène, avait quant à lui des cornes proches de celles des vaches actuelles.

En général, seuls les mâles portent des bois ou des cornes. Il peut arriver que les femelles en portent aussi mais dans ce cas, ils sont plus petits que chez les mâles de la même espèce. Ces appendices marquent donc une différence morphologique que l'on qualifie de sexuelle.

Cinquante kilos : tel est le poids que pouvaient atteindre les bois du cervidé irlandais *Megaloceros*. Il est le plus grand représentant de cette famille connu à ce jour.

Bohlinia

Sivatherium

Un rongeur pas comme les autres

Ceratogaulus

Si l'on n'est guère surpris de voir des appendices chez les ruminants et les rhinocéros, il est plus étonnant d'en trouver chez un rongeur… *Ceratogaulus*, du Miocène et d'Amérique du Nord, portait deux petites cornes sur le bout du museau, qu'il utilisait sans doute pour se défendre contre ses prédateurs. Il reste le seul rongeur cornu de l'histoire.

Les appendices des girafidés

Chez les girafidés, représentés aujourd'hui par deux espèces, la girafe et l'okapi, on note la présence de protubérances recouvertes de poils. Au cours de l'évolution de la famille, en Afrique, en Asie ou en Europe, la forme de ces appendices a changé. Entre les petites cornes simples de *Bohlinia*, les "branches" de *Climacoceras* et les formes plates et pointues associées chez *Sivatherium*, les girafes fossiles témoignent d'une belle diversité !

BOIS ET CORNES, QUELLE DIFFÉRENCE ?

Placés à divers endroits sur la tête de certains mammifères (front, nez…), les bois et les cornes sont des appendices bien distincts. Les bois des cervidés sont des organes osseux recouverts d'une peau appelée le velours. Une fois par an, ils tombent et de nouveaux bois, plus grands, poussent. Les cornes des bovidés, quant à elles, sont des protubérances osseuses recouvertes d'un étui creux constitué de kératine (comme nos ongles). Elles ne tombent pas mais poussent tout au long de la vie de l'animal. Chez les rhinocéros, la corne est formée essentiellement de kératine.

Elasmotherium

Des rhinocéros à corne simple ou double

De même que les autres familles à bois ou à cornes, les rhinocérotidés tel *Ronzotherium* ont commencé leur histoire à l'Éocène supérieur sans appendice. Mais là encore, au Miocène, *Menoceras* lance la mode de la corne sur le museau… Elle est petite, parfois double, et se répand rapidement chez la plupart des espèces. Cette évolution culmine chez *Elasmotherium* du Pléistocène, un énorme rhinocéros de 5 t dont la corne pouvait mesurer jusqu'à 2 m de long ! Les chercheurs n'ont pas trouvé de fossile de cette corne, mais les marques de son insertion sur le crâne permettent d'en imaginer la longueur.

De curieux ornements

En Amérique du Nord vivaient à l'Éocène des mammifères de la taille des rhinocéros actuels, *Dinocerata* ou les uintathères. La plupart de ces animaux, dont *Uintatherium*, portaient sur le crâne jusqu'à six appendices osseux qui leur donnaient une allure inquiétante. Les uintathères étaient pourtant d'inoffensifs herbivores dont les longues canines servaient surtout à impressionner leurs adversaires. Ils se nourrissaient des herbes et des feuillages des grandes plaines. Les scientifiques s'interrogent toujours sur l'utilité de ces cornes multiples.

Uintatherium

La taille et la forme des bois et des cornes permettent de déterminer l'âge d'un mammifère. Chez les cervidés, les chercheurs s'intéressent au nombre de bifurcations et à la dimension des branches, tandis que chez les bovidés, ils étudient les marques de croissance qui entourent l'étui corné.

La grande corne du rhinocéros laineux, *Coelodonta antiquitatis*, était courbée et un peu aplatie. Elle diffère beaucoup de celle des autres espèces fossiles ou actuelles de rhinocéros. Les chercheurs pensent qu'il s'en servait pour dégager la neige afin d'atteindre l'herbe dont il se nourrissait.

Crâne d'*Hyaenodon horridus*, l'une des espèces qui vivaient en Amérique du Nord à l'Oligocène.

Hyaenodon, un chasseur hors du commun

Au cours de l'Éocène apparaît l'un des plus terribles prédateurs de l'histoire des mammifères. Avec ses 1,50 m au garrot, ses 3 m de long et un poids maximal de 500 kg, *Hyaenodon*, le mangeur de chair, domine les plaines d'Amérique du Nord, d'Europe et d'Asie.

L'allure générale de ce prédateur rappelle celle de la hyène actuelle. Cependant, cette dernière est apparentée aux félins dans l'ordre des carnivores, tandis qu'*Hyaenodon* appartient à un ordre différent aujourd'hui disparu, celui des créodontes.

L'étude des pattes, et en particulier de l'articulation du coude sur les pattes avant est sans appel : *Hyaenodon*, au moment où il dominait les écosystèmes* d'Amérique du Nord, d'Asie et d'Europe, était le carnivore le plus rapide de son temps. Les plus grandes espèces du genre chassaient généralement seules. Leurs pattes montrent qu'elles étaient capables de marcher et de courir sur la pointe des doigts afin d'augmenter leur vitesse. Les espèces plus petites, quant à elles, chassaient probablement en meute, à la manière des hyènes actuelles. Entourant leur proie, elles resserraient le piège jusqu'à fondre sur elle pour l'achever.

Les couleurs de l'animal ne sont pas connues. On le représente souvent avec une fourrure sombre et zébrée, qui lui permettait de se camoufler pour mieux approcher les proies qu'il convoitait. Le crâne d'*Hyaenodon gigas*, la plus grande espèce, mesurait 60 cm de long. Les os de la mâchoire, massifs, supportaient des muscles puissants, ce qui laisse supposer une capacité de broyage hors norme : ainsi armé, l'animal pulvérisait les os de ses victimes et se régalait de la moelle qu'ils contenaient. Chez *Hyaenodon*, la dent typique servant à découper les chairs, appelée carnassière, était particulièrement coupante et imposante. Située en arrière de la mâchoire, elle témoigne de l'adaptation extrême de ce prédateur au régime carnivore.

Vers la fin de l'Oligocène, l'arrivée de carnivores plus modernes a sûrement été fatale à *Hyaenodon*. La compétition avec de nouvelles espèces très spécialisées dans le régime alimentaire carnivore aurait empêché *Hyaenodon* de s'adapter et de continuer à dominer les écosystèmes continentaux.

Bien qu'*Hyaenodon* ne soit pas strictement apparenté à l'ordre des carnivores (les *Carnivora*), il possède la carnassière, la fameuse dent adaptée à la découpe des chairs. Cette convergence de forme est due au régime alimentaire similaire de ces animaux, uniquement composé de viande.

Hyaenodon pouvait chasser des animaux aussi imposants qu'*Indricotherium*, le plus grand mammifère continental de l'histoire. Il guettait certainement les jeunes, plus vulnérables que leurs énormes parents.

Les créodontes n'étaient pas tous aussi impressionnants qu'*Hyaenodon gigas*. Les plus petites espèces ne dépassaient pas 30 cm au garrot. Elles devaient se nourrir de proies modestes de la taille des rongeurs actuels.

Hyaenodon signifie "dent de hyène". Les dents du prédateur de l'Éocène et de l'Oligocène ressemblent en effet à celles des hyènes actuelles, tout en étant légèrement plus pointues.

Les félins, paresseux et redoutables

La famille des chats et des lions, les félidés, est apparue il y a environ 30 millions d'années. Avec une allure toujours reconnaissable, plusieurs espèces de félins très spécialisées ont hanté les écosystèmes* terrestres, en restant au sommet de la chaîne alimentaire*.

Eusmilus

Famille : *Nimravidae*
Étymologie : beau sabre
Âge : Éocène moyen - Oligocène
Lieu : Amérique du Nord, Asie, Europe
Avant le règne de la famille des félidés existaient déjà plusieurs espèces de petits carnivores proches des félins et considérés comme leurs ancêtres. Parmi eux, *Eusmilus* avait tout d'un gros chat à dents de sabre. Il pouvait atteindre 2,50 m de long. Sa gueule s'ouvrait à angle droit, lui permettant ainsi d'utiliser ses sabres dans l'attaque. Il vivait dans les forêts et grimpait aux arbres.

LA FORME DU CORPS

Comme on peut le voir, depuis 45 millions d'années, la forme générale des félins et même de leurs proches ancêtres a peu changé. Seule la taille des canines semble parfois les différencier. Si l'on grandit un chat domestique pour l'amener à la taille d'un tigre, les proportions générales de l'animal varient très peu. Ce n'est pas le cas chez d'autres carnivores comme les canidés (la famille des chiens et des loups). Les félidés, depuis leur origine, sont connus pour cette conservation des proportions : c'est un trait caractéristique de leur histoire évolutive.

Proailurus

Famille : *Felidae*
Étymologie : premier chat
Âge : Oligocène - Miocène
Lieu : Europe
Proailurus est le tout premier représentant de la famille des félidés. Cet ancêtre direct de nos chats domestiques avait la même taille qu'eux et pesait de 8 à 10 kg. Il vivait surtout dans les arbres et chassait des rongeurs.

Smilodon

Famille : *Felidae*
Étymologie : dent de sabre
Âge : Pliocène - Pléistocène
Lieu : continent américain
Smilodon, le célèbre tigre à dents de sabre, n'appartient pas au genre ou à l'espèce du tigre, en dépit de son nom, mais à celui des machairodontes. Les chercheurs pensent que, comme le lion actuel, les mâles chassaient assez peu, seulement lorsqu'ils ne pouvaient faire autrement. C'était aux femelles de nourrir toute la famille.

Un crâne du carnivore *Nimravus*, de la famille des *Nimravidae*, a été retrouvé aux États-Unis percé d'un trou sur le front... exactement à la dimension d'une canine de son contemporain *Eusmilus*, de la même famille. On pense que ces carnivores s'affrontaient régulièrement pour conserver leur territoire.

Les peintures des célèbres grottes françaises de Lascaux et de Chauvet représentent souvent le lion des cavernes, tant il devait à la fois fasciner et effrayer les hommes de l'époque. Ces dessins ont permis de reconstituer la forme de l'animal et les motifs de son pelage.

Panthera leo atrox

Famille : *Felidae*
Étymologie : lion redoutable
Âge : Pléistocène
Lieu : Amérique du Nord
C'est le fameux lion des cavernes d'Amérique du Nord, qui hantait les steppes et les grottes lors de la dernière période glaciaire. Il mesurait plus de 3 m de long, queue comprise, pesait plus de 300 kg et chassait toutes les proies à sa taille. Il s'agit de l'espèce de félin la plus imposante de l'histoire ; elle surpasse même le tigre de Sibérie actuel, pourtant impressionnant.

Homotherium

Famille : *Felidae*
Étymologie : bête de l'Homme
Âge : Pliocène - Pléistocène
Lieu : continent américain, Europe, Asie, Afrique
Homotherium tient son nom du fait que les premiers fossiles de l'espèce européenne étaient associés à des restes humains. C'est un représentant des machairodontes, les félins à dents de sabre. Mais son allure plus athlétique le différenciait de ses congénères. Dépassant 1 m au garrot, il avait les pattes arrière moins longues que celles des autres félins, ce qui lui conférait une allure comparable à la hyène, et la queue deux fois plus courte. La largeur inhabituelle de ses naseaux lui permettait de consommer beaucoup d'oxygène, un avantage considérable pour la course. Ses proies favorites étaient les jeunes mammouths et les jeunes rhinocéros, inexpérimentés, qu'il devait chasser en meute.

Acinonyx

Famille : *Felidae*
Étymologie : griffe non rétractile
Âge : Pliocène - actuel
Lieu : Europe, Afrique, Asie, Amérique du Nord
Acinonyx est un genre qui existe depuis plus de 4 millions d'années. Actuellement, il est représenté par le guépard d'Afrique. Ce félin exceptionnel est en tous points adapté au sprint : un corps fin et profilé, une longue queue qui lui sert de gouvernail, et des griffes qui accrochent le sol. Il atteint 120 km/h, ce qu'aucun autre animal sur Terre ne peut faire ! Cependant, il est incapable de maintenir longtemps une telle vitesse, car son corps s'échauffe. Après une poursuite, il doit se reposer pendant plusieurs minutes. Les guépards sont hyperspécialisés et peu nombreux, ce qui les place aujourd'hui sur la liste des espèces en danger d'extinction.

Au Pléistocène, plusieurs espèces du lion *Panthera* vivaient en Europe, en Asie et en Amérique du Nord, comme *Panthera leo spelaea* (le lion des cavernes d'Europe) ou son ancêtre *Panthera leo fossilis* (le lion des cavernes du Pléistocène inférieur). Toutes dépassaient 2 m de long, sans compter la queue.

Smilodon populator, le plus grand machairodonte, avait des canines supérieures qui pouvaient atteindre 28 cm de long ! Environ 17 cm étaient visibles hors de la gueule de l'animal...

Les géants du passé

Les plus grands mammifères de l'histoire sont aquatiques : il s'agit de nos baleines actuelles. Mais des espèces aux dimensions impressionnantes ont aussi peuplé les continents. Du rhinocéros sans corne au rongeur géant, petit portrait de ces colosses.

Plus grand qu'une maison

En Asie, au cours de l'Oligocène, vivait le plus grand mammifère continental de l'histoire. *Indricotherium*, un cousin sans corne du rhinocéros, mesurait plus de 5 m de haut pour une longueur totale de 8 m environ. Il ne pesait pas moins de 15 t ! Ce grand quadrupède était un paisible herbivore qui broutait les feuilles des arbres (*dessin ci-contre*). Sa parenté avec les rhinocéros a conduit les chercheurs à le reconstituer avec une peau épaisse, semblable à la cuirasse très résistante de ses descendants. Si l'on compare *Indricotherium* avec les gros animaux africains actuels, rhinocéros et éléphants, il devait comme eux n'avoir qu'un petit par portée ; la mère s'en occupait plusieurs mois après sa naissance, jusqu'à ce qu'il soit assez mature pour se débrouiller seul dans son environnement. Un tel animal n'avait pas de prédateur ; seuls ses petits étaient vulnérables. L'un des rares carnivores capable de les attaquer était *Andrewsarchus* (*voir p. 128-129*).

Le plus terrifiant des cochons

Chez les omnivores, peu de mammifères ont atteint la taille du célèbre entélodonte, *Entelodon magnum*. Cet animal proche des suidés, la famille des cochons, était hors norme : il mesurait près de 2 m au garrot ! Son allure affreuse tient surtout à son crâne énorme de 80 cm de long environ, parcouru de grosses bosses sur les joues et sous la mâchoire (*dessin ci-contre*). De sa gueule sortaient des canines et des incisives pointues qui pouvaient atteindre 20 cm. *Entelodon* était omnivore, comme les cochons actuels. Il est probable qu'il accompagnait sa nourriture végétale de viande arrachée à des cadavres et qu'il avait un mode de vie de charognard. On en a retrouvé de nombreux crânes très abîmés, sûrement attaqués par d'autres *Entelodon*. Ainsi, les chercheurs pensent que les grands mâles s'affrontaient souvent pour leur territoire ou pour conquérir les femelles. Il a vécu à l'Oligocène en Amérique du Nord, en Asie et en Europe, sans jamais croiser de réel prédateur à sa mesure.

Le plus gros rongeur de l'histoire, *Josephoartigasia*, avait les oreilles, les naseaux et les yeux sur le sommet du crâne, comme le capybara ou le castor. C'est une adaptation à la vie aquatique. Ainsi, l'animal pouvait immerger presque tout son corps et garder ses organes sensoriels à l'air libre.

Le nom *Indricotherium* vient du mythe russe d'Indrik, un animal d'une force colossale, qui serait le père de tous les animaux.

Megaloceros est le seul cervidé de l'histoire à avoir possédé de si grands bois.

Le roi d'Irlande

Comme son nom l'indique, *Megaloceros giganteus* était le géant de son époque : il mesurait plus de 2 m au garrot, et ses bois de près de 4 m d'envergure lui conféraient une allure majestueuse. Il ne passait pas inaperçu, même aux côtés des mammouths et des rhinocéros laineux, ses contemporains ! De très nombreux squelettes de *Megaloceros* ont été retrouvés en Irlande, d'où son surnom de cerf irlandais, mais il vivait partout en Europe à la fin du Pléistocène. Ses bois, bien qu'impressionnants, ne sont pas si démesurés : ils sont en réalité proportionnels à sa grande taille. Ainsi, l'orignal, plus petit, a des bois proportionnellement aussi imposants. *Megaloceros* a disparu il y a environ 7 700 ans. Les causes de son extinction sont encore très difficiles à comprendre.

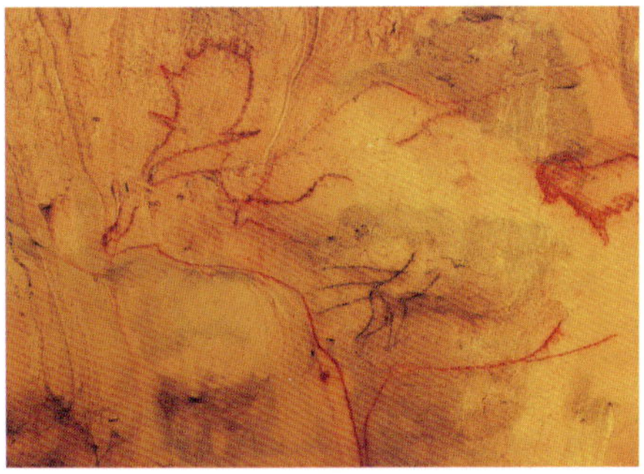

Megaloceros et hommes préhistoriques se côtoyaient, comme en témoigne cette peinture rupestre dans la grotte de Cougnac (sud-ouest de la France).

Un capybara, lointain cousin de *Josephoartigasia*.

Un rongeur énorme

Il existe de nos jours des rongeurs de 60 kg et de la taille d'un petit mouton : les capybaras d'Amérique du Sud. Pour un cousin des rats et des souris, c'est déjà très impressionnant ! Pourtant, au Pliocène, en Uruguay, *Josephoartigasia monesi* les surpassait. Il pesait 1 t et son crâne mesurait plus de 50 cm de long ! Son allure générale devait ressembler à celle du capybara. D'après la forme de son crâne et de ses dents, on pense qu'il ne mangeait que de la nourriture facile à mâcher. On a retrouvé les os fossiles de cet animal au sein de sédiments* déposés à l'époque dans un environnement aquatique. Les chercheurs en ont déduit que *Josephoartigasia* passait la plupart de son temps dans l'eau des rivières et des lacs et qu'il se nourrissait de plantes aquatiques, comme ses descendants actuels. La découverte de cet énorme rongeur est très récente, puisqu'elle date du début de l'année 2008 : preuve que la paléontologie découvre toujours des fossiles exceptionnels, même après plus de 200 ans d'existence !

D'après la taille du crâne fossile retrouvé, on pense que *Josephoartigasia* mesurait près de 1,50 m de longueur.

Avec la découverte en 2008 de *Josephoartigasia*, les rongeurs deviennent un des deux ordres de mammifères, avec les marsupiaux, à avoir une gamme de poids allant de quelques grammes à plusieurs centaines de kilogrammes.

Pour expliquer l'extinction de *Megaloceros*, certains ont avancé que, face à l'extension des forêts lors du dernier grand réchauffement climatique, le cerf n'avait pas pu survivre à cause de ses bois qui se seraient coincés dans les branches. Une hypothèse rapidement écartée par les scientifiques.

Andrewsarchus, le plus gros mammifère carnivore

Il y a 40 millions d'années, en Mongolie, sur une plage en bord de mer, *Andrewsarchus* dévore un *Rodhocetus* échoué. Bien des années plus tard, au début du siècle dernier, la mer a disparu ; des paléontologues mettent au jour l'unique crâne connu de l'énorme carnivore...

Moulage du crâne d'*Andrewsarchus* retrouvé en 1923 dans le désert de Gobi en Mongolie.

Un monstre peu commun

Si nous connaissons *Andrewsarchus*, c'est grâce à quelques rares fossiles : des fragments d'os du squelette et un crâne d'une longueur exceptionnelle de 90 cm environ, large d'au moins 55 cm. À son époque, l'Éocène, il s'agit tout simplement du plus grand animal au régime alimentaire carnivore. Ses dents sont impressionnantes, en particulier les canines et les incisives, massives et pointues, qui sortent de sa gueule. Les autres ont une surface plutôt plate, légèrement arrondie, et sont adaptées au broyage. *Andrewsarchus* n'avait pas de carnassière ; il écrasait donc les os de ses proies. Était-il un prédateur terrifiant ou un simple charognard ? Les chercheurs s'interrogent encore sur son mode de vie.

Pendant longtemps, les *Mesonychia*, dont fait partie *Andrewsarchus*, ont été considérés comme les ancêtres des baleines. Mais d'autres fossiles découverts plus récemment ont démontré que cela n'était pas le cas.

Certaines espèces de mammifères comme le panda sont très peu abondantes dans la nature. Il est donc difficile de les retrouver à l'état fossile. C'était probablement le cas d'*Andrewsarchus*, qui n'a livré que quelques os.

Des cousins inattendus

À partir du crâne, seul morceau presque complet retrouvé, les chercheurs estiment qu'*Andrewsarchus* mesurait 2 m au garrot, pour une longueur totale d'au moins 3,5 m. Pour reconstituer son allure générale, ils se sont fondés sur d'autres mammifères du même ordre, celui des *Mesonychia*, dont plus de fossiles sont connus. Notre animal ressemblait à un énorme loup... mais pas seulement ! *Andrewsarchus* appartenant aux *Mesonychia*, il était donc un proche parent des artiodactyles, de paisibles herbivores ongulés tels que les ruminants ! Il est très probable que, comme les autres membres de sa famille, il portait de petits sabots au bout des doigts.

Puissant mais sans descendant

Muni d'une musculature puissante, *Andrewsarchus* devait effrayer tous les autres prédateurs de l'Éocène. Cela lui permettait d'être toujours le premier à se servir sur les carcasses ! *Andrewsarchus* vivait dans les grandes étendues de savane arborée d'Asie centrale, dans un milieu chaud et plutôt sec. Comme ses fossiles ne sont connus qu'en un seul endroit de Mongolie, il est difficile de savoir quelle était l'étendue de son territoire. Avec sa disparition à la fin de l'Éocène, c'est toute la lignée* des *Mesonychia* qui s'éteint...

Le nom *Andrewsarchus* a été donné en hommage à Roy Chapman Andrews, explorateur et directeur du Muséum d'histoire naturelle de New York dans les années 1930. Il signifie "Andrews le chef".

Andrewsarchus était deux fois plus grand que notre ours polaire... qui est le plus grand carnivore actuel !

Portrait d'une famille imposante : les éléphants

L'histoire des proboscidiens, la famille des éléphants, est très ancienne. Elle commence il y a environ 60 millions d'années par des espèces de la taille d'un petit cochon qui, au fur et à mesure de leur évolution, vont devenir particulièrement impressionnantes. Aujourd'hui, les éléphants sont les plus lourds mammifères terrestres !

UNE TROMPE À TOUT FAIRE

La trompe des éléphants est un organe extraordinaire qui possède plus de 10 000 muscles lui permettant de bouger dans toutes les directions. C'est un prolongement des narines et de la lèvre supérieure. L'éléphant se sert de sa trompe pour toutes les activités de la vie quotidienne : respirer, sentir, toucher, saisir les branches, barrir, boire, se doucher, embrasser ses petits ou ses congénères... C'est aussi un excellent tuba pour nager !

❶ Phosphatherium

Famille : *Numidotheriidae*
Étymologie : animal du phosphate
Âge : Paléocène
Lieu : Afrique du Nord
Le poids de ce tout premier proboscidien n'avait rien à voir avec ses cousins actuels : il ne pesait que 15 kg environ pour 60 cm de long. Il n'avait pas encore de trompe, mais possédait déjà de petites défenses. Les chercheurs l'ont appelé *Phosphatherium*, car il a été découvert dans les mines de phosphate du Maroc.

❷ Moeritherium

Famille : *Moeritheriidae*
Étymologie : bête du lac Moeris
Âge : Éocène
Lieu : Afrique
Mesurant près de 3 m de long, *Moeritherium* est l'un des premiers grands proboscidiens connus dans l'histoire du groupe. Il ressemblait à un petit hippopotame, et il se nourrissait de plantes peu abrasives et aquatiques qu'il attrapait grâce à une courte trompe.

❸ Gomphotherium

Famille : *Gomphotheriidae*
Étymologie : animal à dents soudées
Âge : Miocène
Lieu : Europe
Cet animal ressemblait beaucoup à l'éléphant, mais possédait deux paires de défenses toutes droites. Les défenses inférieures étaient presque soudées, d'où son nom. Il pouvait ainsi s'en servir comme d'une pelle pour remuer le sol et se nourrir des racines déterrées.

"Proboscidien" vient du grec *proboskis* qui signifie "trompe" ; c'est bien sûr la caractéristique principale des éléphants. Cette particularité les unit presque tous, disparus et actuels, dans le même groupe. Seul *Phosphatherium*, le tout premier éléphant, n'en possédait pas.

En avril 2007, à Paris, un squelette complet de mammouth a été vendu aux enchères pour 260 000 euros, le prix d'une belle maison. La vente des fossiles reste cependant réglementée, afin d'éviter le vol et le pillage de sites importants pour la connaissance scientifique.

❻ Loxodonta et Elephas

Famille : *Elephantidae*
Étymologie : dents obliques pour *Loxodonta*, éléphant pour *Elephas*
Âge : actuel
Lieu : Afrique pour *Loxodonta*, Asie pour *Elephas*
Ce sont les deux genres de proboscidiens actuels. *Loxodonta* présente deux espèces en Afrique, l'une vivant dans les forêts et l'autre dans la savane. *Elephas* n'a qu'une espèce, en Asie, plus petite que son cousin africain. À la naissance, un bébé éléphant pèse déjà 120 kg environ ; il pourra vivre 70 ans et mesurer jusqu'à 4 m, pour un poids de 8 t.

❹ Deinotherium

Famille : *Deinotheriidae*
Étymologie : animal terrible
Âge : Miocène
Lieu : Afrique, Asie, Europe
Après *Indricotherium* et *Mammuthus*, c'est le troisième plus lourd mammifère terrestre de l'histoire ! Beaucoup plus gros que nos éléphants actuels, il pouvait dépasser 5 m de haut et peser 12 t pour les plus gros mâles. Ses défenses inférieures étaient courbées et tournées vers le bas. Peut-être lui servaient-elles à creuser le sol à la recherche de racines ou à abaisser les branches des arbres pour se nourrir des feuilles.

❺ Mammuthus

Famille : *Elephantidae*
Étymologie : taupe de Terre
Âge : Pliocène - Pléistocène
Lieu : Europe, Asie, Amérique du Nord, Afrique
Son épaisse toison l'a rendu célèbre (*voir p. 144*) mais en réalité, seule l'espèce la plus récente, *Mammuthus primigenius*, qui vivait à l'ère glaciaire, possédait des poils. Il pouvait atteindre 5 m de haut et pesait en général de 6 à 8 t. Les causes de son extinction sont discutées ; il semble que le climat très rude, associé à la chasse des hommes, ait pu entraîner sa disparition. Au début de l'Holocène, les hommes deviennent plus nombreux et développent leurs techniques de chasse. Ils réussissent à tuer les mammouths grâce à des stratagèmes ingénieux, comme de les pousser près de falaises pour les faire tomber.

Les éléphants ont des dents énormes qui peuvent mesurer jusqu'à 30 cm de long. Ils n'en possèdent que six par mâchoire ; elles poussent, s'usent et tombent au cours de leur vie. Lorsqu'un éléphant, arrivé à un grand âge, a perdu toutes ses dents, il meurt, car il ne peut plus se nourrir.

Contrairement aux idées reçues, les éléphants ne sont pas les seuls pachydermes. Ce terme qui signifie "peau épaisse" peut aussi s'appliquer à d'autres grands mammifères ongulés comme le rhinocéros ou l'hippopotame.

Des curiosités rares mais précieuses

De tous temps, les mammifères ont habité les îles. Pourtant isolées au milieu des mers et des océans, celles-ci influencent énormément l'évolution et l'apparition de nouvelles espèces. Petit tour d'horizon des bizarreries insulaires.

1, 2, 3, 4... 5 cornes !

Pendant une grande partie du Miocène supérieur, l'Italie, constituée de plusieurs îles, était indépendante du continent européen. Cet isolement a favorisé l'existence de mammifères absents du reste de l'Europe. Ainsi, *Hoplitomeryx*, un ruminant inclassable, vivait dans les îles du sud-est de l'Italie. Sa principale particularité réside dans la présence au sommet de son crâne de cinq cornes courtes, pointues et légèrement incurvées vers l'arrière. En plus de cet attirail, des canines en forme de petits sabres pointent hors de sa gueule. Tous ces appendices extérieurs font de ce mammifère un animal unique dans l'évolution des ruminants.

Comme pour tous les ruminants, leurs cornes servaient sans doute aux mâles *Hoplitomeryx* à s'affronter pour conquérir les femelles.

Un singe pas comme les autres

Toujours dans les îles de l'actuelle Italie, au Miocène supérieur, vivait un singe qui bouleversa les idées sur la bipédie, c'est-à-dire la marche sur deux jambes. Comme la plupart des singes en forêt, *Oreopithecus* (*dessin ci-dessus*) possédait toutes les adaptations nécessaires à la vie arboricole : il pouvait sauter de branche en branche en se suspendant avec ses bras puissants, et il grimpait aux arbres très facilement. Cependant, la courbure de sa colonne vertébrale montre sans conteste qu'il maîtrisait déjà la marche à pied. Pourquoi marchait-il? Il n'y a pas de réponse certaine. Peut-être cela lui procurait-il un avantage lorsqu'il se trouvait au sol, pour scruter son environnement ou pour utiliser ses mains. Jusqu'à la découverte dans les années 1980 de cette adaptation d'*Oreopithecus*, les chercheurs pensaient que la bipédie était apparue avec les premiers êtres humains, plus tard, au Pliocène. Mais *Oreopithecus* pouvait-il marcher comme les hommes? Ses pieds sont en effet très particuliers, le gros orteil étant orienté à l'opposé des autres doigts. Cette question reste à élucider.

Le mythe grec du cyclope, ce géant qui n'avait qu'un œil au milieu du front, provient de la découverte de fossiles de *Palaeoloxodon*. Comme tous les éléphants, il a un trou au centre du crâne où s'insère la trompe. Les Grecs anciens l'ont confondu avec l'orbite d'un oeil et ont cru avoir affaire à un monstre !

Il existe une dizaine d'espèces d'éléphants nains qui ont vécu sur les îles méditerranéennes au Pléistocène. Presque toutes ont pour ancêtre l'"éléphant antique", ou "éléphant à défenses droites", *Palaeoloxodon antiquus*. D'autres îles dans le monde, comme celle de Flores, ont abrité des espèces naines.

Des géants minuscules

Au Pléistocène, il y a à peine plus d'un million d'années, des éléphants régnaient sur de nombreuses îles de la mer Méditerranée. Pourtant, alors que les proboscidiens sont aujourd'hui les plus grands mammifères continentaux, l'évolution a joué un tour à ces "géants" insulaires. Sur l'île de Malte, les plus grands mâles *Palaeoloxodon* atteignaient... 90 cm au garrot, soit la taille d'un enfant de trois ans, contre plus de 4m pour l'éléphant d'Afrique actuel ! Leur taille s'est tout simplement réduite au cours des temps géologiques, au point d'en faire des éléphants nains.
C'est ce que l'on appelle le nanisme insulaire. Selon les chercheurs, plusieurs hypothèses expliquent cette évolution. L'une est l'absence de prédateurs sur ces îles. Une grande taille protège des attaques ; s'il n'y a pas d'attaques, pas besoin d'être énorme ! Le fait que les ressources alimentaires soient limitées sur ces petits territoires pourrait aussi avoir modifié la taille des espèces qui y vivent.

Palaeoloxodon, un parent nain des éléphants d'Afrique.

Petit bonhomme

Homo floresiensis, l'Homme de Flores, vivait entre 95 000 et 12 000 ans de cela sur l'île indonésienne de Flores, dans l'océan Indien. Sa découverte en 2003 est un événement exceptionnel pour deux raisons. Tout d'abord, jusqu'à présent, une seule espèce d'homme était connue sur Terre au cours des derniers 30 000 ans : *Homo sapiens*, notre espèce. Ensuite, ce nouvel être humain ne mesurait que 1,1 m en moyenne pour environ 25 kg ! C'est bien moins que la moyenne des *Homo sapiens*. Les scientifiques à l'origine de cette découverte sont convaincus que leur petit homme est un cas de nanisme insulaire : le fait de vivre sur une île aurait provoqué l'évolution de cette espèce vers une taille naine. D'autres chercheurs en sont moins sûrs et pensent que la petite taille de l'Homme de Flores est le résultat d'une maladie génétique provoquant une microcéphalie, c'est-à-dire un petit cerveau. Le débat est encore d'actualité.

Homo floresiensis était si petit que ses découvreurs l'ont surnommé... le hobbit, en référence aux petits personnages de J. R. R. Tolkien !

Alors que certains mammifères insulaires ont évolué vers le nanisme, d'autres sont devenus immenses par rapport à leurs cousins du continent. C'est le cas à Madagascar d'*Archaeoindris*, primate géant de l'Holocène qui pesait environ 200 kg !

Seuls huit squelettes presque complets d'*Homo Floresiensis* ont été retrouvés. Leurs os ne sont pas totalement fossilisés, c'est-à-dire transformés en roche. Les chercheurs espèrent donc y retrouver de l'ADN* préservé pour pouvoir étudier ses liens de parenté avec d'autres espèces d'hominidés pléistocènes.

Proconsul, le premier des grands singes

L'homme, tout comme le chimpanzé, le gorille, l'orang-outan et le gibbon, appartient à la famille des grands singes, les hominoïdes. L'histoire de ce groupe commence dans les forêts africaines du Miocène inférieur, il y a 18 millions d'années, avec *Proconsul*, un singe quadrupède de 20 kg environ surnommé "l'ancêtre des ancêtres".

Le **corps** est recouvert de poils, comme chez tous les grands singes et les mammifères en général.

Contrairement aux autres singes, *Proconsul* n'avait pas de **queue**. Il ne pouvait donc pas s'en servir pour s'agripper aux branches. Ce caractère est resté commun aux espèces d'hominoïdes plus récentes.

Les hominoïdes, ou grands singes.

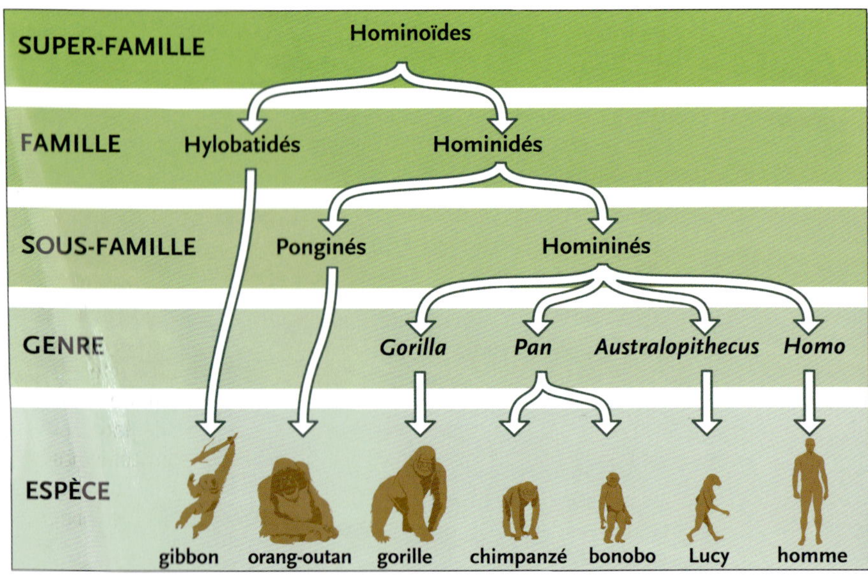

Le premier crâne de *Proconsul* a été découvert par la célèbre paléoanthropologue* Mary Leakey en 1948 en Afrique de l'Est, au Kenya, sur l'île Rusinga au coeur du lac Nyanza. Il a permis de mieux comprendre les autres fossiles, de ce nouveau genre, fragmentaires, que l'on avait découverts dès les années 1930.

Grâce à son crâne, on peut facilement savoir si un primate était bipède, car le trou par lequel vient s'insérer la colonne vertébrale se trouve sous le crâne, au milieu. Il se situe à l'arrière du crâne chez les espèces quadrupèdes.

La **boîte crânienne** mesure entre 160 et 180 cm^3, contre 1 400 cm^3 chez un homme actuel. Cela semble petit, mais c'est proportionnel à la taille générale de *Proconsul*.

Les **dents** sont basses et recouvertes d'un émail fin, ce qui indique que *Proconsul* mangeait de la nourriture tendre et peu abrasive (c'est-à-dire qu'elle n'abîme pas les dents), comme les fruits ou les jeunes pousses.

Les **mains** et les **pieds** ont une allure proche de ceux des singes arboricoles actuels. Le pouce sur la main et le gros orteil sur le pied sont divergents ou opposables, c'est-à-dire orientés de façon à pouvoir saisir les branches sur lesquelles *Proconsul* se déplaçait.

Les **bras** et les **jambes** sont à peu près de la même taille. Ce n'est pas le cas chez d'autres grands singes tels que les gibbons actuels, dont les bras sont beaucoup plus longs afin de se balancer dans les arbres. Cela signifie que *Proconsul* n'était pas un excellent acrobate arboricole ; il vivait dans les arbres mais s'y déplaçait doucement, à quatre pattes.

À QUATRE PATTES OU SUR DEUX JAMBES ?

On a longtemps cru que seuls les êtres humains étaient bipèdes. Les scientifiques rangeaient les espèces fossiles dans la lignée* de l'homme lorsque leurs os indiquaient cette capacité. C'est le cas des australopithèques, dont on a même retrouvé des traces de pas bipèdes en Afrique de l'Est. Or la bipédie n'est pas un caractère exclusivement humain ! Des grands singes actuels, comme le chimpanzé ou le gorille, sont aussi capables de se déplacer sur leurs deux jambes. Aujourd'hui, les chercheurs sont convaincus que plusieurs sortes de bipédies existent, plus ou moins spécialisées. Cela permet de mieux comprendre l'arbre généalogique de l'homme.

Chez de nombreuses espèces d'hominidés comme les australopithèques ainsi que chez *Proconsul*, un bourrelet osseux imposant surplombe les yeux, appelé bourrelet sus-orbitaire. C'est un caractère ancien propre à la lignée des grands singes, qu'a depuis perdu l'Homme moderne.

Le plus grand des hominidés, *Gigantopithecus*, a vécu il y a entre 1 million d'années et 300 000 ans en Asie du Sud-Est (Chine, Inde et Vietnam actuels). Il pesait de 300 à 500 kg et mesurait jusqu'à 3 m de haut ! C'est cet animal qui serait à l'origine de la légende du célèbre yéti...

La lignée humaine

Nous, les humains, sommes aussi des mammifères. Notre histoire a commencé plusieurs millions d'années plus tôt, en Afrique puis en Asie, avant que nos nombreux ancêtres n'atteignent l'Europe et l'Amérique du Nord il y a un million d'années.

Le premier humain

Le tout premier représentant de notre famille, un certain Toumaï – dont le nom scientifique, *Sahelanthropus*, signifie "homme du Sahel"–, a été découvert en 2001 dans les sédiments d'un lac fossile du Tchad, en Afrique centrale. Ce mammifère ressemblait encore beaucoup aux grands singes, sauf qu'il était capable de marcher debout sur ses deux jambes, comme l'indique l'insertion de sa colonne vertébrale dans son crâne. Depuis Toumaï il y a 7 millions d'années, on retrouve ce caractère, la bipédie, chez tous les ancêtres de la famille des humains.

À part des dents et des morceaux de crâne (*voir photo*), aucun autre fossile du squelette de Toumaï n'a été retrouvé. Les chercheurs ont estimé sa taille proche de celle d'un chimpanzé.

Dans la famille "hominidé", je voudrais...

Au sein des hominoïdes (*voir p. 134-135*), la famille des hominidés ne regroupe pas seulement l'homme mais beaucoup d'autres espèces de grands singes. Nos plus proches parents actuels sont les chimpanzés et les bonobos, tous deux africains, avec qui nous partageons plus de 98 % de notre ADN*. Moins proches de nous, les gorilles font aussi partie de cette famille. Si nous, c'est-à-dire l'Homme moderne, avons beaucoup de cousins, nous avons aussi de nombreux ancêtres et notre genre, *Homo*, existe depuis presque 2,5 millions d'années. Avant lui existaient en Afrique d'autres hominidés poilus et qui pouvaient atteindre 1,35 m de hauteur : *Australopithecus* en Afrique de l'Est, dont Lucy est la représentante la plus célèbre, ou encore *Ardipithecus* en Éthiopie et en Tanzanie. On considère qu'ils sont nos ancêtres, car ils partagent un grand nombre de caractéristiques avec nous.

À partir d'un crâne fossilisé, les chercheurs sont capables de reconstituer l'emplacement des muscles puis les traits d'un visage. Ici, un *Australopithecus africanus*.

Les premiers grands singes comme les premiers hominidés (la famille des hommes) sont apparus en Afrique. Pendant longtemps, les découvertes se sont concentrées à l'est et au sud de l'Afrique, mais depuis les années 1990, plusieurs fossiles – dont Toumaï – ont été découverts en Afrique centrale, au Tchad.

Le 18 décembre 1912, Charles Dawson et Arthur Smith Woodward, de la Société géologique de Londres, présentèrent un fossile d'homme avec des caractères de singe comme l'ancêtre commun aux deux groupes. On a ensuite découvert qu'il s'agissait d'un faux, construit à partir d'os de singe et d'homme !

Voisins ?

À différentes périodes de notre histoire, plusieurs espèces d'humains ont vécu ensemble. Ainsi, il y a de 4,5 à 1 million d'années, les australopithèques et les paranthropes étaient bien représentés en Afrique. On en dénombre pas moins de huit espèces, dont cinq ont pu coexister ! De même, au cours des deux derniers millions d'années, plusieurs espèces du genre *Homo*, dont la nôtre, se sont côtoyées. La cohabitation entre l'homme de Neandertal (*Homo neanderthalensis*) et l'Homme moderne, ou homme de Cro-Magnon (*Homo sapiens*), est l'exemple le plus connu. Ils se sont partagé l'Europe il y a de 40 000 à 30 000 ans. Les scientifiques ne savent pas encore si ces deux espèces se sont rencontrées, ou si elles sont restées isolées l'une de l'autre...

Il n'en reste qu'un

Homo sapiens, c'est-à-dire notre espèce, est la seule du genre *Homo* à être présente actuellement ; toutes les autres ont progressivement disparu. Notre nom latin, *sapiens*, signifie sage ou intelligent, car nous sommes dotés de raison. Nous existons depuis 120 000 ans, ce qui est très court par rapport à l'histoire des mammifères, qui a commencé il y a plus de 200 millions d'années. On considère que la durée de vie de l'espèce *Homo sapiens* représenterait à peine plus d'une minute si l'histoire de la Terre avait duré une année ! Au cours des quarante derniers milliers d'années, l'Homme moderne est le seul et unique primate à avoir colonisé tous les continents et tous les environnements terrestres.

① *Sahelanthropus tchadensis* : Toumaï (7 Ma)

② *Ardipithecus* (5,8 Ma - 4,4 Ma)

③ *Australopithecus afarensis* (4,1 Ma - 2,9 Ma)

④ *Paranthropus* (2,7 Ma - 1 Ma)

⑤ *Homo erectus* (1,9 Ma - 0,5 Ma)

⑥ *Homo floresiensis* (95 000 ans - 12 000 ans)

⑦ *Homo neanderthalensis* (120 000 ans - 30 000 ans)

⑧ *Homo sapiens* (120 000 ans - aujourd'hui)

Ma : million d'années

Les humains sont, avec les grands singes, les dauphins et les éléphants, les seuls de tout le règne animal à pouvoir se reconnaître dans un miroir. Ils sont dotés d'une conscience de soi.

En 2006, le premier fossile de bébé australopithèque a été découvert en Éthiopie. C'est une petite fille de 3 ans, qui vécut il y a 3,3 millions d'années. Baptisée Selam ("paix", en éthiopien), elle est devenue "le bébé de Lucy", elle-même considérée comme la grand-mère de l'humanité.

Cheval. Grotte de Lascaux, France.

Mammouth. Grotte de Rouffignac, France.

Quand un mammifère en dessine un autre...

Les mammifères disparus, qu'ils soient carnivores, omnivores ou herbivores, ont toujours fasciné les humains. Les premiers Hommes modernes, en France et en Espagne, les ont immortalisés sur les parois des grottes qu'ils occupaient – c'est ce qu'on appelle l'art pariétal –, laissant ainsi les plus anciennes oeuvres de l'art du dessin.

Les animaux, source d'inspiration

Les animaux occupaient une place primordiale dans la vie des hommes préhistoriques : ceux-ci les côtoyaient quotidiennement, ils les chassaient pour répondre à leurs besoins en nourriture et pour se confectionner des vêtements avec leur peau... et ils s'en inspiraient pour leurs dessins. Dans le sud de la France, les célèbres sites de Lascaux en Dordogne et de Chauvet en Ardèche ont livré de véritables œuvres d'art représentant les mammifères que les hommes préhistoriques côtoyaient il y a de 20000 à 30000 ans, qu'ils soient leurs proies ou leurs prédateurs : mammouths, rhinocéros laineux, aurochs, bisons, bouquetins, chevaux, cerfs, rennes, lions, hyènes, ours des cavernes...

À la découverte d'espèces disparues

Si certains dessins de grotte représentent des animaux qui existent encore, comme le cheval, le bouquetin, le cerf ou le sanglier, d'autres sont une source de renseignements précieuse sur des espèces disparues. Ainsi, nous avons découvert les motifs du pelage de certains carnivores dont nous n'avions que des ossements, et reconstitué des animaux tels qu'ils étaient il y a 30000 ans. Grâce à un dessin de la grotte Chauvet, les chercheurs ont appris que la hyène des cavernes *Crocuta spelaea* était sans doute tachetée, un peu à la manière de sa cousine africaine actuelle.

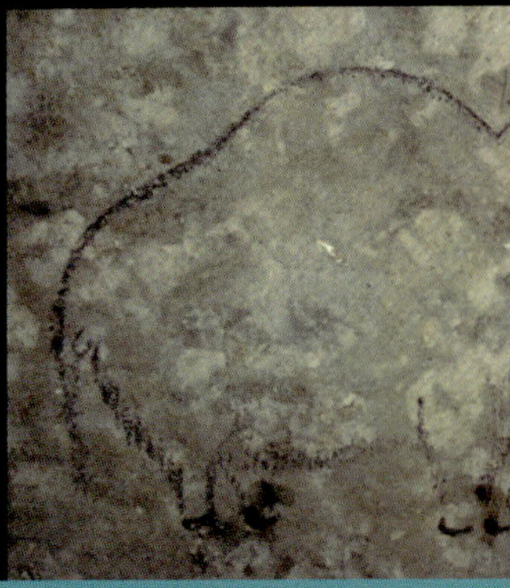

Bisons et bouquetin. Grotte de Niaux, France.

Les dessins sont réalisés souvent au fond des grottes, dans des endroits difficiles d'accès et sans lumière. Pourquoi aller si loin et dans de telles conditions pour peindre ? Les chercheurs pensent qu'il peut s'agir de peintures destinées à des cérémonies rituelles particulières.

C'est en 1940 que la grotte de Lascaux fut découverte par quatre jeunes gens partis à la recherche d'un chien tombé dedans. Après plusieurs années d'ouverture au public, elle fut fermée en 1963 pour arrêter la dégradation des peintures due à la chaleur et aux gaz émis par la respiration des visiteurs.

Homme à tête d'oiseau renversé par un bison blessé. Grotte de Lascaux, France.

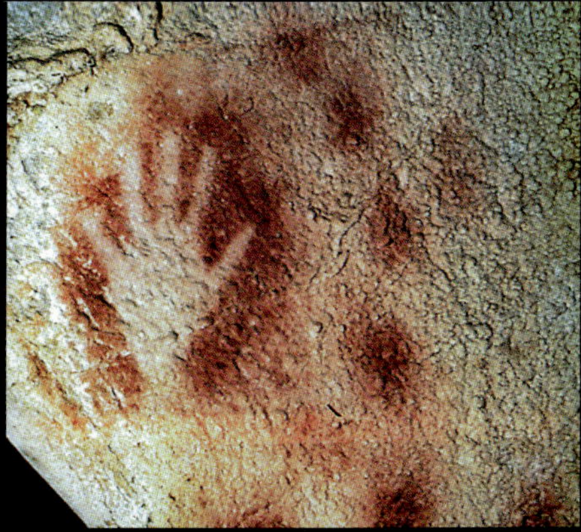

Main et points. Grotte de Pech-Merle, France.

"L'ENCRE" DU DESSINATEUR

Pour représenter leur environnement, les hommes préhistoriques utilisaient du charbon de bois pour le noir, des ocres pour les couleurs. Les ocres sont des argiles, des sédiments* très fins, dont la teinte varie en fonction de leur richesse en divers oxydes de fer. En chauffant certaines ocres, le dessinateur pouvait aussi modifier leur couleur. Le peintre était donc un savant qui connaissait les propriétés des minéraux. Les dessins étaient réalisés soit à la main, en posant de la peinture sur la paume et en l'appliquant sur la paroi, soit à l'aide de crayons qui permettaient de tracer les traits, soit à la bouche en soufflant de l'ocre mâchée sur la roche.

Les techniques de l'art pariétal

Les grottes préhistoriques sont connues pour leurs peintures noires ou colorées, mais ce n'est pas la seule technique employée. La plus simple et la plus répandue était la gravure, utilisée de différentes façons : des traits fins faits au silex dont la multiplication crée une impression de mouvement, ou des raclages profonds pour donner des effets de couleur. Souvent, gravure et peinture étaient associées dans un même dessin pour des effets d'épaisseur, de perspective. Souvent aussi, l'artiste utilisait la forme des roches qu'il trouvait dans la grotte afin de donner plus de relief à un animal ; cela s'apparente presque à de la sculpture.

La conscience de l'auteur

Les dessins que l'homme laissait sur les parois des grottes ne figuraient pas que des animaux qui l'entouraient. En effet, il a parfois dessiné sur la roche des signes sans réelle signification pour nous (des points, des traits), ainsi que son propre corps ou des parties de celui-ci (ses mains, par exemple). Il pouvait se représenter dans différentes positions, un peu comme s'il peignait des scènes extraordinaires qu'il avait vues dans ses rêves. Ce témoignage est très important, car il indique que l'homme de Cro-Magnon savait qui il était – il est déjà doté d'une conscience de soi – et qu'il possédait peut-être des rites. L'une des représentations humaines les plus communes est la main dessinée sur la roche. On en compte dans des dizaines de grottes de tous âges à travers le monde. Est-ce une signature, un acte rituel ou un simple dessin artistique ? Les chercheurs ne connaissent pas réellement leur signification, pas plus que celle des dessins animaliers.

Artiste à l'ouvrage, dessinant des félins dans la grotte Chauvet (France).

Découverte en 1994, la grotte Chauvet, en Ardèche, date de 32 000 ans ; c'est l'une des plus anciennes grottes peintes et gravées du monde. La qualité des dessins montre que l'art préhistorique était déjà très précis et complexe à cette époque pourtant reculée.

Souvent, on trouve aussi dans les grottes de nombreux fossiles de mammifères, comme des ossements d'ours des cavernes à Chauvet, ainsi que des restes liés à la présence de l'homme (pointes de flèches, restes de feux de bois, crayons à ocre...).

La domestication, une révolution

↕ Bien après sa première domestication, des peintures rupestres montrent qu'il y a 3 500 ans, les hommes d'Afrique du Nord utilisaient le chien pour mener leur troupeau.

Au cours des derniers 15 000 ans, les hommes préhistoriques ont domestiqué plusieurs espèces de mammifères pour leurs besoins quotidiens. Cela marque les débuts de l'agriculture et du mode de vie sédentaire.

Les premiers indices

La présence d'ossements de chien aux côtés d'ossements humains dans les sites préhistoriques d'Europe datant de 18 000 ans environ nous indique que celui-ci fut le tout premier animal domestiqué par les hommes. On a même retrouvé en Israël des tombes dans lesquelles le défunt avait été enterré avec son chien il y a 11 000 ans. Une telle mise en scène témoigne des liens très forts qui unissaient le maître et son chien. Grâce aux analyses et à la comparaison d'ADN* fossile et actuel de chiens et de loups, les chercheurs ont pu montrer que ces derniers étaient les ancêtres des chiens domestiques. En effet, les chiens ont évolué à partir de loups domestiqués en Asie orientale vers 20 000 ans avant notre ère, dans la région de la Chine actuelle. Plusieurs hypothèses expliquent que l'homme ait domestiqué le chien : pour se protéger des prédateurs, pour qu'il l'aide à la chasse, ou encore pour qu'il mange ses restes et nettoie ainsi ses campements.

Du mouton... au lama

Progressivement, à l'Holocène, au cours des derniers 10 000 ans, l'homme a domestiqué tous les animaux qui, de nos jours, l'accompagnent. Après le chien, entre 7 000 et 8 000 ans plus tard, le mouton, la chèvre, le porc et le boeuf sont devenus des mammifères domestiques, le but des hommes étant de se procurer de la nourriture facilement. La région principale de domestication dans le monde à cette époque est le Proche-Orient, situé au croisement de l'Afrique, de l'Asie et de l'Europe. Très vite, cette pratique gagne l'Asie et l'Europe centrale ; en Amérique du Sud, en revanche, il faut attendre encore entre 5 000 et 6 000 ans avant de voir le premier lama accompagner les hommes. La propagation rapide de la domestication à travers le monde montre que différentes populations d'hommes préhistoriques ont eu la même idée à peu près à la même époque.

Le mode de vie nomade de chasseur-cueilleur a entraîné le développement des premières technologies. Pour chasser et pêcher, les hommes ont dû inventer des outils et des armes comme les javelots, les arcs et les flèches.

L'homme est un animal vulnérable dans la nature. Il n'a pas une grande force physique. Il a compensé cette faiblesse en développant son sens de l'innovation technique. L'invention de l'agriculture et de la domestication lui a permis de contrôler les rythmes de la nature et de s'en affranchir.

Nomade ou sédentaire ?

Inévitablement, domestiquer les mammifères qui les entourent entraîne un changement radical du mode de vie des hommes préhistoriques. *Homo sapiens* de la fin du Pléistocène était un chasseur-cueilleur, qui vivait des ressources trouvées dans la nature : il se nourrissait de proies et de fruits comestibles sauvages. Il était nomade et se déplaçait en fonction des saisons, pour suivre la migration saisonnière des animaux qu'il chassait. *Homo sapiens* de l'Holocène, quant à lui, a commencé à élever ses propres troupeaux et à cultiver ses légumes (ce sont aussi les débuts de l'agriculture), ce qui s'est accompagné d'une sédentarisation, c'est-à-dire d'une installation permanente en un endroit précis. Cette évolution fait passer l'homme d'une vie itinérante, avec un habitat constitué d'abris sous roche ou de huttes temporaires, vers une vie fixe et un habitat composé de constructions de plus en plus élaborées (*dessin ci-dessous*).

HABITER UN MAMMOUTH

En Europe, si les hommes chassaient le mammouth pour sa viande et sa peau, ils utilisaient également ses os pour construire des huttes, là où ils se déplaçaient. À Mezhyrich en Ukraine, on a même retrouvé une hutte sédentaire datant du Pléistocène supérieur constituée de 95 mâchoires inférieures de mammouth!

Les premiers villages connus au monde datent d'environ 14 000 ans et sont apparus au Proche-Orient, dans la région que constituent aujourd'hui le Liban, la Syrie, la Jordanie, Israël et la Palestine. Ils étaient composés de petites maisons circulaires en bois et en terre, peu nombreuses.

Le développement de l'élevage des mammifères entraîne la production d'un produit que l'on ne trouve pas en chassant : le lait. Les données archéologiques indiquent que le lait était déjà exploité environ 10 000 ans avant notre ère au Proche-Orient.

Des grandes chaleurs... aux grands froids

Le Cénozoïque est une période de "Yo-Yo" climatique : il a fait très chaud partout sur la planète, puis très froid. Ce climat changeant a eu une grande influence sur la vie et l'évolution des mammifères.

Planète tropicale

Au début du Cénozoïque, il y a 55 millions d'années, la transition entre le Paléocène et l'Éocène est marquée par ce que l'on appelle un maximum thermique global, une période durant laquelle les températures moyennes sont très hautes sur toute la planète. Il faisait plus de 20 °C environ partout sur Terre, de l'équateur aux pôles ! La végétation s'est adaptée à ce type de climat chaud et humide ; des plantes tropicales se sont développées sur tous les continents. Les mammifères que l'on retrouve fossilisés possédaient presque tous des adaptations à la vie en forêt tropicale. Ainsi, les pattes de *Propalaeotherium* étaient munies de quatre doigts, contre un seul chez ses lointains cousins les actuels chevaux ; ils lui procuraient un appui plus stable sur le sol mou et humide de la forêt. Après le Paléocène qui fut relativement pauvre en mammifères, ces derniers deviennent plus nombreux et les grands ordres actuels voient le jour.

Plus c'est chaud, mieux c'est !

Des températures hautes et un climat tropical humide sont connus pour être favorables à la biodiversité, c'est-à-dire à la multiplication des espèces végétales et animales. Actuellement, les régions tropicales sont les plus riches en mammifères, avec parfois plus de cent espèces vivant dans la même région. C'était aussi le cas au début de l'Éocène. Les premiers vrais représentants des rongeurs, des chiroptères, des périssodactyles, des artiodactyles et des primates (comme *Teilhardina*), apparus parfois juste à la fin du Paléocène, arrivent massivement en Europe sous l'effet du réchauffement climatique. Peu de fossiles existent pour cette période, et c'est le célèbre site de Messel en Allemagne (voir p. 90) qui nous donne accès à toutes ces informations.

La technique qui reconstitue les températures du milieu à partir de l'oxygène des dents s'appelle la géochimie : il s'agit d'appliquer la chimie à la géologie, aux fossiles par exemple. Cette méthode permet d'aborder beaucoup d'autres thématiques, comme la datation des roches ou l'origine de la vie.

Il y a environ 700 millions d'années, bien avant l'apparition des mammifères, la Terre a connu un événement froid très important puisqu'elle a été presque entièrement recouverte de glace, du pôle à l'équateur. On a appelé cet épisode la "Terre boule de neige".

Il y a environ 50 millions d'années, *Teilhardina*, un petit primate, et *Propalaeotherium*, un ancêtre des périssodactyles, régnaient sur les forêts tropicales de l'hémisphère Nord.

Son pelage permettait au lion des cavernes, *Panthera leo spelaea*, de se fondre dans les steppes glacées qui recouvraient une grande partie des continents au Pléistocène.

Une ribambelle de glaciations

Il y a environ 3 millions d'années, à la fin du Pliocène, un autre extrême climatique commence à bouleverser les écosystèmes* continentaux : les grandes glaciations débutent. Périodiquement, le climat se refroidit pendant quelques dizaines de milliers d'années, puis il se réchauffe pendant parfois plusieurs milliers d'années ; et le cycle recommence. L'alternance des périodes glaciaires froides et des périodes interglaciaires un peu plus chaudes constitue des cycles glaciaires. Un tel type de climat a un effet direct sur les mammifères. Beaucoup disparaissent, ne pouvant pas supporter ces variations climatiques. D'autres espèces s'adaptent et développent des stratégies pour résister au grand froid (voir p. 144). Aujourd'hui, et depuis 10 000 ans, nous sommes dans une période interglaciaire.

COMMENT CONNAÎTRE LES CLIMATS DU PASSÉ ?

Plusieurs possibilités s'offrent aux paléontologues pour connaître les climats du passé. La première et la plus importante est l'étude de fossiles de végétaux. Chaque plante nécessite une température, une humidité et un ensoleillement spécifiques pour pousser. Il existe donc des types de végétation bien définis en fonction du climat. Ainsi, lorsque l'on trouve des fossiles de plantes tropicales, on est certain que le climat était chaud et humide. Une autre méthode fait appel aux fossiles de dents. Celles-ci, pour se développer, ont besoin d'oxygène, qui est puisé dans l'eau bue par l'animal. Chaque eau possède un oxygène particulier typique de sa région, qui dépend de la température du milieu. En analysant les proportions d'oxygène dans les dents des mammifères disparus, le paléontologue peut retrouver la température de leur milieu de vie.

Il y a 34 millions d'années, en réponse à une baisse de 5 °C des températures du globe, environ 20 % des espèces animales ont disparu ! Cette extinction majeure, la Grande Coupure, a rapidement été compensée par l'arrivée de nouveaux animaux au tout début de l'Oligocène.

En France, dans la région de Lyon, le gisement de Vieux- Collonges du Miocène inférieur a livré plus de 80 espèces de mammifères : périssodactyles, artiodactyles, rongeurs, insectivores... C'est une diversité exceptionnelle, équivalente aux plus riches faunes actuelles des régions tropicales !

Parés pour le froid

Durant les trois derniers millions d'années, le climat a souvent été très rude. Pour se protéger et conserver leur chaleur corporelle, les mammifères ont inventé des stratégies. Ils se sont adaptés physiquement au froid et ont adopté des comportements spécifiques.

Mammuthus primigenius

Il est l'animal des grands froids par excellence. Outre sa toison de poils, le mammouth laineux possédait de nombreuses adaptations qui le protégeaient du climat rude. Sous les poils, sa peau épaisse de 2 cm jouait le rôle de barrière contre le froid, renforcée juste en dessous par une couche de graisse de 8 cm d'épaisseur. Encore plus impressionnant, un clapet anal, sorte de couvercle constitué de peau et de poils, recouvrait son anus pour éviter toute perte de chaleur.

Coelodonta antiquitatis

Le rhinocéros laineux était couvert de poils épais et protecteurs, et possédait de très petites oreilles qui, peu exposées à l'air, limitaient la perte de chaleur. Alors que le mammouth, qu'il côtoyait, devait migrer en hiver pour trouver des régions moins froides et plus riches en nourriture, le rhinocéros laineux n'avait pas besoin de quitter son milieu de vie habituel à la saison froide. Sa corne principale, aplatie sur les côtés, lui permettait de dégager la neige pour atteindre la végétation recouverte.

Les plus longs poils de mammouth laineux mesuraient jusqu'à 1 m ! Ils poussaient seulement en hiver, pour protéger au mieux le grand mammifère. Sous cette couche spéciale, deux autres épaisseurs de poils plus courts renforçaient la protection.

La grotte Chauvet a livré une scène extraordinaire, encore inexpliquée : un crâne d'ours des cavernes était posé seul sur un rocher, dans une grande salle décorée de peintures préhistoriques. Ours et hommes partageaient les mêmes abris. Mais rien n'indique que les humains chassaient le carnivore.

LE GRAS DES NAGEURS

Le froid est aussi présent sous l'eau ! Les mammifères marins ont dû s'adapter pour vivre dans des milieux qui peuvent ne pas dépasser quelques degrés de température. Pour protéger la chaleur du corps, une couche de graisse constitue une barrière efficace. Chez les baleines bleues, elle peut atteindre 50 cm d'épaisseur !
Les pinnipèdes, c'est-à-dire les phoques et les otaries, possèdent à la fois une couche de graisse et un corps recouvert de poils pour lutter contre les eaux froides. Ces adaptations sont difficilement identifiables sur les fossiles, mais elles étaient sans doute présentes chez les ancêtres des mammifères marins.

Megaloceros giganteus

Le cerf irlandais, plus grand cervidé de l'histoire (*voir p. 127*), avait une toison de poils moins épaisse que celle du mammouth ou du rhinocéros laineux. D'après des peintures préhistoriques, il semble qu'elle était plus longue et plus foncée en hiver qu'en été, la longueur des poils permettant une meilleure protection contre le froid. Les dessins indiquent aussi qu'elle présentait des motifs, comme un collier de poils plus sombres autour du cou.

Ursus spelaeus

En plus de son épaisse fourrure, l'ours des cavernes a mis au point une technique toujours utilisée par ses cousins actuels pour se protéger du froid : il hivernait dans les grottes. Après avoir beaucoup mangé pour se constituer des réserves de graisse pendant l'été et l'automne, il regagnait son abri au début de la saison froide et dormait plusieurs mois durant en attendant le retour du printemps. C'est ainsi que l'on a retrouvé de très nombreux fossiles d'ours dans les grottes, car beaucoup mouraient de faim pendant l'hivernation. Leur nom d'ours des cavernes provient de ces découvertes

Contrairement au mammouth présent dans tout l'hémisphère Nord, le rhinocéros laineux et le cerf irlandais ne vivaient que dans les steppes du nord de l'Europe et de l'Asie, et l'ours des cavernes qu'en Europe. Tous ont disparu lors du réchauffement climatique des derniers 10 000 ans.

Les ours des cavernes étaient des mammifères solitaires qui se retrouvaient à la saison du rut pour se reproduire. À l'inverse, les mammouths vivaient en hordes de 20 à 50 individus et ne se quittaient jamais, même pendant les migrations saisonnières.

Les grandes migrations

L'histoire des mammifères au Cénozoïque est marquée par de grandes vagues de migrations. À certaines périodes, pour de multiples raisons, des mammifères ont quitté leur habitat pour aller en coloniser d'autres, parfois à plusieurs milliers de kilomètres de là.

La Grande Coupure

Entre la fin de l'Éocène et le début de l'Oligocène, environ 34 millions d'années avant notre ère, a lieu ce que l'on appelle la Grande Coupure. De très nombreuses espèces, venues pour la plupart d'Asie, envahissent le continent européen et remplacent une grande partie des espèces qui y vivaient auparavant et qui se sont brutalement éteintes. Ainsi *Palaeotherium*, descendant de *Propalaeotherium* (*voir p. 142-143*) et cousin éloigné des chevaux, alors commun en Europe, disparaît et de nouveaux périssodactyles, de la famille des rhinocéros par exemple, se répandent. La cause de la Grande Coupure reste difficile à comprendre. À cette période, un changement climatique a entraîné le développement d'un climat plus aride en Europe ; il est donc possible que les espèces asiatiques, déjà adaptées à ce type de climat, se soient dispersées en Europe en suivant la transformation des habitats.

Un cheval en chasse un autre

Au Miocène, il y a de 10 à 11 millions d'années, une nouvelle migration spectaculaire vient enrichir les faunes d'Europe. Jusqu'alors, les équidés en Europe étaient des *Anchitherium*, petits et adaptés aux milieux forestiers. En quelques milliers d'années, ils se voient complètement dépassés en nombre par des équidés venus d'Amérique du Nord, les *Hipparion*, qui se sont dispersés à travers l'Asie jusqu'en Europe. Ces chevaux nord-américains sont plus grands et mieux adaptés aux prairies qui se répandent au Miocène supérieur. Ils deviennent l'un des groupes de mammifères les plus communs et importants de cette époque. Les *Anchitherium* disparaissent définitivement, n'étant plus compétitifs par rapport aux nouveaux arrivants.

C'est le paléontologue suisse Hans Georg Stehlin en 1910 qui a découvert la crise Éocène-Oligocène. Il a appelé cet épisode la Grande Coupure pour faire référence à la disparition de nombreuses espèces en Europe, qui a permis l'arrivée massive des mammifères d'Asie.

Jusqu'à la découverte de Toumaï en 2001, les chercheurs pensaient que les premiers hommes n'habitaient que l'Afrique de l'Est et du Sud. La présence de l'ancêtre des humains au Tchad, au centre du continent, indique qu'ils avaient déjà parcouru l'Afrique avant de la quitter pour coloniser le monde entier.

La rencontre des Amériques

Le continent américain est actuellement relié en son centre par l'Amérique centrale. Ce n'était pas le cas avant le Pliocène. L'Amérique du Sud était séparée de l'Amérique du Nord par un bras de mer appelé détroit de Panamá, qui s'est transformé il y a 3 millions d'années en isthme, bande de terre qui relie désormais les deux parties du continent. Dès lors, la plupart des mammifères qui vivaient en Amérique du Nord, comme les lamas, les tapirs, les chevaux ou encore les félins à dents de sabre, ont migré vers le sud. Leur avantage n'a pas tardé à se faire sentir, et ils ont rapidement pris le dessus sur la plupart des espèces qui vivaient alors en Amérique du Sud, parmi lesquelles de nombreux marsupiaux. Les mammifères d'Amérique du Sud ont aussi tenté des incursions dans le nord, mais avec beaucoup moins de succès. Les *Pilosa*, ordre qui regroupe les paresseux, les fourmiliers et les tatous, sont presque les seuls à avoir résisté à l'invasion "nordique". On les trouve toujours en grand nombre en Amérique du Sud.

Quand les hommes sortent d'Afrique

Le continent africain est le berceau de l'humanité. Le tout premier représentant de la lignée humaine, Toumaï, a été retrouvé au Tchad dans des roches datées de 7 millions d'années, et c'est à partir de l'Afrique que les hommes ont colonisé les autres continents. Il y a environ 2 millions d'années, au début du Pléistocène, des humains appartenant déjà au genre *Homo*, mais ici à l'espèce *erectus* ("l'homme debout", *voir p. 137*), ont quitté l'Afrique pour la première fois afin de conquérir l'Europe et l'Asie. Un climat favorable à l'est de l'Afrique leur a sans doute permis de rejoindre le Moyen-Orient dans un premier temps, puis le reste du continent eurasiatique. Les Hommes modernes, *Homo sapiens*, semblent également avoir évolué en Afrique avant d'en sortir il y a environ 72 000 ans. Ils ont progressivement colonisé tous les continents, jusqu'à l'Amérique du Nord entre 50 000 et 14 000 ans avant notre ère !

D'autres épisodes de migration ont marqué l'histoire des mammifères. Au Miocène supérieur, la mer Méditerranée s'est asséchée complètement, permettant ainsi à de nombreux mammifères, comme les hippopotames de l'époque, de passer de l'Afrique vers l'Europe.

On appelle aussi migration le déplacement des animaux d'une saison à l'autre, parfois sur plusieurs milliers de kilomètres. Les éléphants d'Afrique, par exemple, migrent à la saison sèche pour gagner des régions plus humides. Ils reviennent dans leur région d'origine l'année d'après.

Un futur en question

L'histoire et l'évolution des mammifères sont souvent liées aux changements de climat, nombreux tout au long du Cénozoïque. Actuellement, nous faisons face à un nouveau bouleversement climatique, inquiétant, car il menace l'équilibre de la nature. Comment protéger les mammifères ? Que peut faire l'homme ?

Le climat se réchauffe

Depuis près de 200 ans, l'homme utilise les ressources de la planète (pétrole, bois, minerais, etc.) sans en mesurer les conséquences pour son avenir. Ces deux siècles de surexploitation et de pollution ont profondément changé la composition de notre atmosphère et l'ont enrichie en gaz comme le dioxyde de carbone, entraînant une augmentation des températures moyennes du globe. Ces gaz sont présents naturellement dans l'atmosphère ; ils empêchent la chaleur produite sur Terre de s'échapper et régulent ainsi la température de la planète. Mais leur concentration excessive due aux activités humaines est dangereuse, car la hausse des températures provoque notamment la fonte des glaces polaires ainsi qu'une augmentation des catastrophes climatiques telles que les ouragans.

Un habitat grignoté

L'augmentation de la température moyenne sur Terre peut avoir des conséquences dramatiques pour les animaux et pour l'homme. Les mammifères ont colonisé toute la planète, aussi bien les régions tropicales chaudes que les océans froids. Si les températures terrestres devaient devenir plus chaudes et homogènes, c'est-à-dire semblables des pôles aux tropiques, la diversité des habitats diminuerait inévitablement. Toutes les espèces adaptées aux climats tempérés ou froids disparaîtraient... comme ont disparu les mammouths et les rhinocéros laineux à la fin du dernier cycle glaciaire, il y a environ 12 000 ans.

Le mot "biodiversité" est un terme récent créé en 1985 par des biologistes anglais et américains. Ils l'ont tout simplement construit à partir des mots "biologie" et "diversité" pour répondre à une nouvelle préoccupation : expliquer la diversité du monde vivant.

Depuis le Trias et l'apparition d'une seule espèce de *Morganucodon*, la diversité des mammifères n'a cessé de croître, pour atteindre environ 5 400 espèces de nos jours. Nous ne savons pas quelle est leur diversité réelle à travers les temps, car nous ne pouvons connaître les espèces disparues que par leurs fossiles.

Les animaux en danger

Le réchauffement climatique actuel place déjà plusieurs mammifères parmi les espèces en danger. L'ours polaire, par exemple, ne vit qu'au pôle Nord et son alimentation est essentiellement constituée de phoques, qui tout comme lui habitent la banquise. La fonte des glaces du pôle Nord est donc une menace très sérieuse à sa survie. Indépendamment du réchauffement climatique, l'homme, en surexploitant les ressources de la Terre, a aussi mis en danger un nombre considérable d'espèces de mammifères, comme le rhinocéros de Java ou la baleine bleue.

Dans les parcs participant au programme de protection des pandas en Chine, les soigneurs aident les oursons nés en captivité à s'adapter aux conditions de la vie sauvage.

Ours polaire : menacé par le réchauffement climatique, il est classé "vulnérable" sur la liste des espèces en danger.

Baleine bleue : ses effectifs ont lourdement chuté à cause de la pêche.

Comment aider les mammifères?

Heureusement, les humains prennent conscience des dégâts qu'ils causent à la nature. La disparition récente de certaines espèces comme, en 2006, le dauphin de Chine, un mammifère d'eau douce qui vivait dans le fleuve Yangzi, les a poussés à prendre des mesures pour protéger les animaux les plus menacés. Outre des réserves et des zones protégées, des programmes de conservation d'espèces ont vu le jour. Ils permettent d'élever en captivité des individus normalement sauvages pour les faire se reproduire et réintroduire les jeunes adultes dans le milieu naturel. En Chine par exemple, un grand programme national essaye de multiplier puis de réintroduire les pandas sauvages dans les forêts de bambous, leur habitat naturel.

LA PALÉONTOLOGIE AU SERVICE DU FUTUR

La biodiversité est la richesse de la vie animale et végétale. L'étudier est devenu un enjeu très important, car la connaître permet de mieux comprendre comment l'homme peut la préserver. La paléontologie s'intéresse à la biodiversité des animaux disparus. Elle étudie comment une espèce maintenant éteinte a réagi face aux changements climatiques passés : s'est-elle adaptée, a-t-elle migré... ? Cette connaissance aide à comprendre comment protéger aujourd'hui les environnements et les espèces menacés.
Les paléontologues et les spécialistes de la biodiversité actuelle travaillent donc main dans la main pour résoudre ce défi.

Rhinocéros de Java : il reste moins d'une centaine d'individus à ce jour.

Dauphin de Chine : aucun spécimen n'a été observé depuis 2006 ; disparu à cause des activités humaines.

Les mammifères produisent une quantité énorme de gaz à effet de serre pendant leur digestion. On sait que les élevages de vaches génèrent près d'un cinquième des gaz à effet de serre dus aux activités humaines et rejetés dans l'atmosphère !

Les prédictions de températures pour les 100 ans à venir indiquent que l'atmosphère terrestre pourrait se réchauffer de 6 °C au maximum ! C'est énorme en si peu de temps ; cela entraînerait la fonte de la banquise du pôle Nord et donc la montée du niveau des océans de presque 1 m !

Lexique

ADN (acide désoxyribonucléique)
Molécule qui contient toutes les informations génétiques qui définissent un être vivant : c'est en quelque sorte sa « carte d'identité » microscopique. La molécule d'ADN est en effet le support des gènes, qui déterminent chez l'individu de nombreux caractères et des comportements programmés (la couleur des yeux, par exemple, ou le fait d'hiberner). On la trouve dans toutes les cellules* des organismes vivants. Les plantes, les animaux, les champignons, les algues, tous sont définis par leur ADN.

Biosphère
Ensemble des êtres vivants qui peuplent notre planète et de leurs habitats, que ce soit sur terre, dans les océans ou dans les airs. La biosphère comprend aussi toutes les relations qui unissent les êtres vivants entre eux.

Bipède et quadrupède
Un animal bipède se déplace au sol sur deux pattes. C'est le cas de l'homme, des oiseaux et bien sûr des théropodes. Un animal quadrupède se déplace au sol en utilisant ses quatre membres. Une majorité de mammifères, reptiles et amphibiens actuels sont quadrupèdes.

Cellule
Unité de base de tout organisme vivant. C'est une petite usine autonome qui contient la molécule d'ADN* et grâce à laquelle tout être fonctionne. On distingue les organismes unicellulaires, comme les bactéries qui n'ont qu'une cellule, des organismes multicellulaires, comme les animaux ou les plantes qui en possèdent des milliards.

Cénozoïque
Période de temps définie par les géologues comprise entre 65 millions d'années et maintenant, caractérisée par l'essor des mammifères et l'apparition de l'homme.

Chaîne alimentaire
Terme utilisé en écologie pour désigner l'ensemble des êtres vivants, animaux et végétaux, qui se nourrissent les uns des autres. Les végétaux représentent en général le premier maillon, puis viennent les animaux herbivores et enfin les carnivores.

Crise K/T
C'est la fameuse crise biologique qui a vu la disparition des dinosaures. Le K signifie en allemand "Kreide" (la craie) et désigne le Crétacé, et T veut dire Tertiaire (partie du Cénozoïque).

Denticules
Ce terme désigne les petites dents qui forment les bordures des dents des théropodes.

Denture
Ensemble des dents d'un animal. À ne pas confondre avec la dentition, qui est le phénomène de mise en place de la denture, de sa formation à l'éruption.

Écosystème
Ensemble formé par un milieu naturel (à la fois géographique, géologique et climatique : un tronc d'arbre mort, la forêt tropicale, une île...) et par les êtres vivants qui le peuplent. Cela comprend aussi l'ensemble des relations qui unissent ces êtres entre eux.

Envergure
Distance d'un bout à l'autre d'une aile.

Épine neurale
Partie dorsale des vertèbres se terminant en pointe plus ou moins large.

Érosion
Ensemble des processus conduisant à la destruction des roches. Elle peut être provoquée mécaniquement (sous l'action du vent, des vagues, des animaux) ou chimiquement (par dissolution, par exemple).

Gésier
Dernière poche de l'estomac des oiseaux aux parois fortement musclées, surtout chez les oiseaux granivores (qui mangent des graines). Les oiseaux y introduisent souvent des cailloux pour favoriser la fragmentation de la nourriture.

Invertébrés
Animaux dépourvus de vertèbres et plus généralement de squelette interne. Les insectes, crustacés, vers, pieuvres sont des invertébrés.

Lignée
C'est un ensemble d'espèces qui descendent toutes du même ancêtre. Par exemple, la lignée des chevaux comprend toutes les espèces de chevaux apparues depuis le premier, *Hyracotherium.*

Mésozoïque
Période de temps définie par les géologues comprise entre 250 et 65 millions d'années. Cette période est divisée en trois intervalles : le Trias (250 à 205 millions d'années), le Jurassique (205 à 135 millions d'années) et le Crétacé (135 à 65 millions d'années).

Métabolisme
Ensemble des réactions chimiques se produisant dans les cellules de l'organisme. Ces réactions permettent soit d'extraire l'énergie des composants alimentaires, soit de fabriquer ou réparer les constituants des cellules.

Opportuniste
Animal qui mange ce qui lui tombe sous la dent. C'est l'inverse des animaux spécialisés qui ne peuvent manger que certains types de nourritures.

Organe sensoriel
Partie du corps servant à percevoir l'environnement. Les cinq organes sensoriels des vertébrés sont les yeux (vue), le nez (odorat), les oreilles (ouïe), la langue (goût) et les zones sensitives de la peau (toucher).

Paléoanthropologue
Le paléontologue étudie les fossiles et les êtres vivants disparus, l'anthropologue étudie les hommes. Le paléoanthropologue, lui, est un paléontologue qui étudie les hommes fossiles.

Plaques dermiques
Structures osseuses aplaties qui se situent sous la peau de certains animaux. Ces plaques peuvent avoir une fonction de protection ou une fonction de capteur de chaleur.

Sauropode
Groupe de dinosaures herbivores quadrupèdes comptant parmi les plus gigantesques animaux terrestres que la Terre ait connus. Ces animaux à queue et cou démesurément longs sont divisés en trois grandes familles : les titanosauridés (*Argentinosaurus*), les brachiosauridés (*Brachiosaurus*) et les diplodocidés (*Diplodocus*).

Sédiment
Ensemble de grains (minéraux ou morceaux d'organismes tels que les coquilles) de n'importe quelle nature qui proviennent de l'érosion, c'est-à-dire de l'usure des roches terrestres. Les sédiments se déposent au fond des océans, des mers et des lacs, ou encore sur les continents (les dunes par exemple) et peuvent "cimenter" pour donner une nouvelle roche.

Sucs gastriques
Pour digérer, les animaux ont dans leur estomac des liquides très acides qui décomposent la nourriture : les sucs gastriques.

Vertébrés
Animaux qui possèdent un squelette interne et surtout un corps rigidifié par des vertèbres emboîtées constituant une colonne vertébrale. Les poissons, amphibiens, reptiles et mammifères sont des vertébrés.

Index : les dinosaures

Les numéros de page en italique renvoient aux mots indexés dans la frise.

Index : les mammifères

Les numéros de page en italique renvoient aux mots indexés dans la frise.

Crédits iconographiques

1re de couverture et page de titre hg et hd : F. Tempesta ; bg : O. Fertel ; bd : CoreyFord/Thinkstock - **4e de couverture** hg, mg et bd : F. Tempesta ; bg : L. Psihoyos/Corbis - **3** : hg, F. Tempesta ; Ch. Jégou - **4** : A. Morandi - **5** hg, hd, bg et bd : F. Tempesta ; m : Rex Features/SIPA- **6** : p. Coredoc - **6-7** : F. Tempesta - **8-9** : E. Étienne - **9** : D. Sanzi - **10-11** : M. Fontaine - **11** : P.E. Dequest (bassins) - **12** h : *The Yale college scientific Expedition of 1872*, Peabody Museum of Natural History ; b : Mary Evans/Keystone - **13** hg : Mary Evans/Keystone ; bd : DR - **14** h : Rue des archives ; m : E. Buffetaut ; b : Rue des archives/The Granger collection NYC - **15** hd : Ch. Jégou; bg : F. Tempesta - **16-17** : E. Leroux - **17** : R. Amiot - **18-19** : F. Tempesta - **20** : G.P. Faleschini - **21** : M. Fontaine ; encadré : L. Psihoyos/Corbis - **22** : F. Tempesta - **23** schéma : L. Blondel ; b : F. Tempesta - **24** : J. Le Lœuff - **24-25** : S. Telleschi - **26-27** : F. Tempesta - **28** h : L. Psihoyos/Corbis - **28-29** : M. Fontaine - **30-31** : F. Tempesta - **32-33** : P.E. Dequest - **34-35** : A. Morandi - **36-37** : E. Leroux - **38-39**: F. Tempesta - **40** : L. Blondel - **40-41** : F. Tempesta - **42-43** : F. Tempesta - **44** h : Rue des archives ; b : J. Le Lœuff - **44-45** : F. Tempesta - **46-47** : M. Fontaine - **48-49** : F. Tempesta - **50-51** : Ch. Jégou - **52** h : Rex Features/SIPA - **52-53** : F. Tempesta - **54-55** : M. Fontaine - **56** : M. Fontaine - **57** : BBC/BBC Worldwide Limited - **58** h : M. Fontaine ; b: F. Tempesta - **59** : M. Fontaine ; photo : J. Le Lœuff - **60** : BBC/BBC Worldwide Limited - **61** : P.E. Dequest - **62-63** : F. Tempesta - **64-65** : F. Tempesta - **65-67** : A. Morandi - **68-69** : F. Tempesta - **69** schéma : L. Blondel - **70** h : P.E. Dequest ; schéma : L. Blondel - **70-71** : P.E. Dequest ; b : F. Franklin II/AP/SIPA - **72-73** : E. Leroux - **73** schéma : L. Blondel - **74** h : Corbis Sygma ; b : Agence Martienne - **75** : Rue des archives/BCA - **77** : F. Tempesta - **78** : L. Psihoyos/Corbis - **79** hg et m : E. Leroux ; hd : F. Tempesta ; bg : GFDL ; bd : O. Fertel - **80-81** : F. Tempesta - **82** : F. Tempesta - **83** hg : L. Blondel ; bd : F. Tempesta - **84** bg : G. Blot/RMN ; hd : GFDL - **85** h : J.-L. Guérin ; b : B. Clarys - **86-87** : Digital Art/Corbis - **86** : GFDL - **p. 87** : J.-L. Guérin - **88-89** : L. Méhée - **88** : GFDL - **90** hg : GFDL ; b : B. Clarys - **91** hd : GFDL - **92** : L. Psihoyos/Corbis - **93** : Tkachev Andrei/ITAR-TASS/Corbis - **94** : P.-E. Dequest - **95** : hd : A. Boyaval ; b : P.-E. Dequest - **96-97** : M. Oussedik - **98** : P.-E. Dequest - **99** : J.-L. Guérin - **100-101** : F. Tempesta - **102-103** : L. Méhée - **104** h : V. et F. Sarano ; m : B. Clarys - **105** h : G. Lacz/Sunset ; b : B. Clarys - **106-107** : E. Leroux ; bd : V. et F. Sarano - **108** hg : G. Soury ; md : J.-L. Guérin ; b : C. Drochon - **109** hg : J.-L. Guérin ; md : V. et F. Sarano ; bg : C. Ruoso - **110** h : V. et F. Sarano ; b : E. Leroux - **111** hd : E. Leroux ; bg : J.-L. Guérin - **112-113** : B. Clarys - **114** : V. et F. Sarano - **115** hg : E. Leroux ; mg : J.-L. Guérin ; bd : E. Leroux - **116-117** : F. Tempesta - **118-119** : E. Leroux - **120-121** : H. Convert - **122-123** : E. Leroux ; hg : DK Limited/Corbis - **124-125** : O. Fertel - **126-127** : E. Leroux - **127** bg : F. JACH ; hd : G. Lacz/Sunset - **128-129** : O. Fertel ; hg : GFDL - **130-131** : E. Leroux ; bg : V. et F. Sarano - **132-133** : E. Leroux - **134-135** : B. Clarys ; bg : Brake/Sunset ; bd : J.-L. Guérin - **136** hg : P. Robert/Corbis ; b : B. Clarys - **137** : J.-L. Guérin - **138** hg : Fratelli Alinari/RMN ; hd : J.-M. Charles/Corbis ; bg : M.-O. et J. Plassard - **139** hg : Editions Fleurus ; hd : GFDL ; bd : E. Leroux - **140** : V. et F. Sarano - **141** : B. Clarys - **142** : O. Fertel - **143** : O. Fertel - **144** : E. Leroux - **145** : E. Leroux - **146-147** : L. Méhée - **148** : H. Ausloos/Bios - **149** hg : A. Walk/GFDL ; md : NHPA/Sunset ; mg : A. Compost/Bios ; bd : NHPA/Sunset ; hd : K. Su/Corbis.

Les pictogrammes illustrant la frise ont été dessinés par Nicolas Julo.
Toutes les silhouettes hommes/dinosaures ont été réalisées par. L. BLONDEL.
Le dessin de Lagomeryx p. 46 est basé sur une reconstitution de Venzel Balat.

Couverture : Armelle Riva

15/27 rue Moussorgski, 75018 Paris
Dépôt légal : octobre 2014
ISBN : 978 2 215 154891
Code MDS : 591753
Numéro d'édition : M14126
Achevé d'imprimer chez C&C Offset en Chine

Loi n° 49-956 du 16 juillet 1949 sur les publications destinées à la jeunesse.